Wilfried Schmickler
Es war nicht alles schlecht

W0072035

aufbau taschenbuch

Der 1954 geborene »Leverkusener Werks-Kabarettist« und
»Berufs-Choleriker« Wilfried Schmickler trat Anfang der
Neunziger zusammen mit dem »3 Gestirn Köln Eins« in Jürgen
Beckers Premierensendung auf. Seitdem gibt es keine »Mitter-
nachtsspitzen« ohne seine Rausschmeißer-Nummer. Wilfried
Schmickler, der mit zahlreichen Preisen bedacht wurde – unter
anderem den Deutschen Kleinkunstpreis –, hat einen gnadenlo-
sen Blick für ungeschminkte Realitäten, aber Intoleranz, Gleich-
gültigkeit und Gejammer gehen ihm gehörig auf den Zeiger.
»Es war nicht alles schlecht« ist sein erstes Buch, das einen
Querschnitt seines Programms wiedergibt.

Wilfried Schmickler

Es war nicht alles schlecht

aufbau taschenbuch

MIX
Papier aus verantwor-
tungsvollen Quellen
FSC® C083411

ISBN 978-3-7466-2801-1

Aufbau Taschenbuch ist eine Marke
der Aufbau Verlag GmbH & Co. KG

1. Auflage 2012
© Aufbau Verlag GmbH & Co. KG, Berlin 2012
© 2011 WortArtisten GmbH, Köln
Umschlaggestaltung morgen, Kai Dieterich
unter Verwendung eines Fotos von © Ilona Klimek
Druck und Binden CPI – Clausen & Bosse, Leck
Printed in Germany

www.aufbau-verlag.de

Inhalt

Ich kann nur sagen: Sollte ich Sie irgendwann einmal mit einer solchen Darbietung antreffen, wird es unvermeidlich sein, dass ich Ihnen im wahrsten Sinne des Wortes – und ich kann den Ausdruck leider nicht verhindern – in die Fresse hauen werde. Nichts anderes haben Sie verdient.

(Dr. med. dent. Ernst Nordmann)

Warnung statt Vorwort

Bevor Sie jetzt weiterlesen, muss ich Sie darüber informieren, dass Sie bei der Lektüre dieses Buches von den Staatsschutzbehörden beobachtet werden, die auf der Stelle einschreiten, sollte auch nur der geringste Verdacht bestehen, dass sich irgendein strenggläubiger Gläubiger in seiner strenggläubigen Strenggläubigkeit durch die eine oder andere mehrdeutige Formulierung verletzt, verspottet oder gar verhohnepiepelt fühlen könnte. In diesem Fall wird das Buch auf der Stelle konfisziert, die Auflage eingestampft und die Weltpresse informiert.

Aber ich kann Sie beruhigen, das vorliegende Druckwerk wurde von hochsensiblen Leberwurst-Experten, unabhängigen Religionswissenschaftlern und freiberuflichen Dschihadisten im Vorfeld eingehend geprüft und für absolut beleidigungsfrei befunden. Und überall da, wo auch nur der Hauch eines Verdachts möglicher Gefühlsverletzung bestand, hat die Schere des vorauseilenden Gehorsams gnadenlos zu- bzw. weggeschnibbelt. Denn die Schere im Kopf ersetzt bekanntlich den Feuerwehrschlauch am Brandherd.

Selbst so ein doch eher harmloses und uraltes Witzchen wie: »Was heißt Satire auf Arabisch? – Allah ma lachen!«, fiel der Selbstzensur zum Opfer, und wird hier nur deshalb zitiert, um aller Welt zu demonstrieren, wie konsequent die zuständigen Selbstzensurbehörden ihre Arbeit machen und auf die hysterische, eh, ich mein natürlich historische Situation reagieren.

Und was dem Muselmanen recht ist, das ist dem Katholiken natürlich billig. Deshalb gibt es hier auf den nächsten Seiten auch keine Papst-Witze.

Zum Beispiel den mit dem Papst und seinem Chauffeur. Sie wissen schon, wo der Papst bei seinem Bayern-Besuch auf dem Weg nach Altötting im Auto zu seinem Chauffeur sagt: »Sagen Sie mal, darf ich vielleicht mal kurz selber fahren. Ich hab solang nicht mehr hinterm Steuer gesessen, ich würd so gern mal wieder Auto fahren.«

Gut, die tauschen die Plätze, der Papst gibt Gummi, mit hundert Sachen durch die geschlossene Ortschaft. Die Polizei sieht das, hinterher, Kelle raus, rechts ran. Der Papst kurbelt die Scheibe runter, der Polizist sieht ihn und flitzt sofort zurück zum Polizeiauto an den Funk: »Hört mal, Kollegen, ich hab hier ein Riesenproblem. Ich habe gerade eine hochgestellte Persönlichkeit bei der Geschwindigkeitsübertretung erwischt.« – »Ja wer ist es denn? Der Ministerpräsident?« – »Nein, viel höher!« – »Ja wer dann? Die Bundeskanzlerin?« – »Nein, noch höher!« – »Ja wer is es denn?« – »Ja ich weiß es doch auch nicht, aber der Chauffeur ist auf jeden Fall der Papst!«

Ich sage Ihnen, mit solchen Witzen kommen Sie heutzutage in Teufels Küche. Und zwar im wahrsten Sinne des Wortes. Da reichen schon Anekdoten, die wirklich passiert sind. Wie die, als der Papst beim Weltjugendtag in Köln war.

Da ist er ja mit einem Schiff über den Rhein gefahren, und als er mitten auf dem Fluss war, kriegt das Schiff plötzlich einen Motorschaden. Da riefen die ganzen Gläubigen auf den Brücken: »Der Papst treibt ab! Der Papst treibt ab!«

Also wie gesagt, solche Papst-verachtenden Witze, die werden Sie auf den folgenden Seiten nicht finden. Die dürfen Sie gar nicht mehr machen, da haben Sie gleich das Opus Dei am Hals.

12

Und sollte Ihnen doch mal so ein kleines Heidenspäßchen rausrutschen, dann müssen Sie aus Gründen der Ausgewogenheit gleich ein entsprechendes Ergänzungsspäßchen nachlegen. Für jeden Katholiken- mindestens einen Muselmanen-Witz.

Ich hab für den Fall immer den parat, wo der Kölner Erdbeerschorsch Kardinal Meißner in den Himmel kommt. Da steht Petrus an der Tür und sagt: »Tut mir leid, aber wir sind komplett belegt, hier kommt keiner mehr rein!« Sagt der Meißner: »Wie, ich komm hier nicht rein? Ich bin der frommste Mann Deutschlands. Ich hab das Opus Dei protegiert, ich hab die Schwulen verfolgt, ich hab die Schwangerschaftsberatung zerschlagen – ich hab doch nun wirklich alles getan, was ein guter Katholik auf Erden tun kann, ich komm doch wohl hier rein!« »Nein«, sagt Petrus, »keine Chance, alles belegt.«

In dem Moment kommt eine Muslima vorbei. Kopftuch, Ganzkörperkartoffelsack, die klassische Nummer, und geht einfach rein. Fragt der Meißner: »Was ist denn hier los? Ich komm hier nicht rein und die geht einfach so durch?« »Ja«, sagt Petrus, »solche wie dich haben wir hier genug, was wir brauchen ist Personal.«

Aber jetzt mal schalen Witz beiseite: Der Kampf der Kulturen ist mittlerweile zu einem Alltagsphänomen geworden.

Zwischenfrage:
Was ist eigentlich eine Karwoche?

Also jetzt nicht Kahn-Woche und auch nicht Kehrwoche, son- dern Karwoche! Und da kommt auch schon die erste Wortmel- dung: »Ja eine Karwoche, das ist die internationale Woche des Automobils mit sieben Tagen der offenen Tür in sämtlichen Autohäusern und kostenlosem Carharing bei allen Carglasher- stellern!« – Setzen, sechs!

Und weil es hierzulande immer mehr Menschen gibt, die Golgatha für eine Zahnpaste halten und beim Begriff »Kreuzi- gung« an das Ausfüllen von Lottoscheinen denken, hier in aller Kürze die kulturgeschichtlichen Einzelheiten: Die Karwoche gibt es mittlerweile seit 2009 Jahren und sie dauert vom Palm- sonntag bis zum Karsamstag.

In dieser Woche wurde seinerzeit ein gewisser Jesus von Na- zareth verhaftet, gefoltert und schließlich ans Kreuz geschlagen. Vorher hat er allerdings noch verschiedene Reden gehalten, in denen er die Fundamente gegossen hat für das, was wir heute als christlich-abendländische Kultur bezeichnen. Und wenn diese Woche vorbei ist, dann ist Ostern!

Ah, Ostern! Jetzt fällt der Silberling! Ferien, langes Wo- chenende, Friede, Freude, Eiersuchen! Was interessiert uns das letzte Abendmahl, bei uns gibt's dieses Jahr Lammkeule mit Rosmarinkartoffeln. Wer zum Teufel sind Nikodemus, Pi- latus, Hannas und Kajafas? Wir kaufen bei Wollwort, Strauss und Peek & Cloppenburg. Karsamstag zu Karstadt. C & A statt

15

Alpha und Omega! Und wenn hier einer aufersteht, dann ist es der 1. FC Köln.

Mensch, Kinners, wir befinden uns mitten im Kampf der Kulturen! An allen Ecken und Enden werden Sprengladungen an den Fundamenten unseres geliebten christlichen Abendlandes angebracht, und was tun wir? Verstecken hart gekochte Eier oder stehen im Osterstau.

Ein bisschen mehr Besinnung auf unser kulturelles Wurzelwerk wäre durchaus angebracht. Da quasseln wir tagaus, tagein von der Leitkultur und vom Wertekanon – und wenn es darauf ankommt, dann halten 90 Prozent der Gemeinde Maria von Magdala für die Gewinnerin von »Deutschland sucht das Supermodel«. Ja wie will man denn etwas verteidigen, von dem man nicht den bleichen Dunst einer Ahnung hat, worum es sich eigentlich handelt?

Also, holen Sie heute Abend mal Ihre Bibel aus dem Keller und lesen mal nach, was da eigentlich gelaufen ist in der Karwoche. Zum Beispiel bei Matthäus, nein, nicht Lothar, ich meine den Evangelisten, nein, auch nicht den Mann von Linda Evangelista, sondern einer von den vieren, die damals die ganze Geschichte aufgeschrieben haben. Und wie hießen die anderen drei? Markus, Lukas und – genau: Jim Knopf, der Lokomotivführer. Gucken Sie einfach mal wieder rein in Ihre Bibel.

Ach, Sie haben gar keine Bibel? Ja dann lesen Sie wegen mir die Gebrauchsanweisung für Ihren Eierkocher oder studieren Sie die Prospekte mit den Super-Oster-Knaller-Angeboten oder lernen Sie das Rezept für den »Hasenbraten alla Gethsemane« auswendig, aber erzählen Sie mir nie wieder was vom Kampf der Kulturen. Den haben Sie nämlich längst verloren!

Gut, noch ist es nicht so weit. Und trotzdem macht sich unter den Menschen mit christlich-abendländischem Kulturbeutel eine leichte Panik breit. Die einen haben sich in ihren

Eigenheimen eingemauert, um da im Keller den Ausgang dieses Kampfes abzuwarten, andere trotzen der gefühlten Bedrohung und spielen mit ihren Kindern in aller Öffentlichkeit Witze-Verstecken mit dem schönen Abzählvers »Allah ist groß, Allah ist mächtig, Allah hat Schuhgröße 67«, andere wiederum schleichen heimlich in ihrer Nachbarschaft von Tür zu Tür und fertigen Listen aller muselmanisch klingenden Nachnamen an, um diese an die örtlichen Terrorverfolgungsbehörden weiterzuleiten.

Aber ich halt mich da in Zukunft ganz raus. Und wissen Sie auch warum? Weil es mich einfach nicht interessiert: Dieses ewige Palaver über die Frage, was denn nun der einzig wahre und allein selig machende Glaube sei.

All diese Dogmen und Schismen, diese Dispute und Debatten, diese Dekrete und Diskurse – ich hab die ganzen theologischen Faxen einfach dicke!

Und da ist mir auch egal, ob mir einer eine Bibel, einen Koran, eine Thorarolle oder sonst eine fundamentalistische Gebetsmühle um die Ohren haut, ich bin und bleibe schwerhörig. Von mir aus kann jeder glauben, was er will. Mit dem Glauben halte ich es wie seinerzeit Konrad Adenauer mit der Homosexualität. Auf die Gerüchte, sein Außenminister Brentano sei schwul, sagte der Adenauer nur: »So lang er mich nicht anpackt, ist es mir egal.«

So, das hätten wir erledigt und können uns jetzt endlich mit dem Anlass für dieses kleine Buch beschäftigen: 30 Jahre Kabarett von und mit Wilfried Schmickler. Motto: »Es war nicht alles schlecht!«

Erster Teil:
30 Jahre – eine verdammt
lange Zeit

Meine sehr verehrten Damen und Herren, liebe Eingeborene, liebe Zugezogene, liebe Durchreisende, lieber Leser! Ich begrüße Sie ganz herzlich zu 30 Jahren Kabarett und freue mich aufrichtig, dass Sie so zahlreich dieses Buch aufgeschlagen haben, um mit mir gemeinsam die heutigen Jubiläumsfeierlichkeiten hinter uns zu bringen.

Und das ist mithin die erfreulichste Botschaft dieses Buches: Sie leben noch, ich lebe noch und die alten Witze sind auch nicht totzukriegen.

Besonders begrüßen möchte ich an dieser Stelle die bewundernswerten Angehörigen all der Berufsgruppen, die durch ihre ganz und gar unterbezahlte Knochenarbeit dafür sorgen, dass die Kahlschlagstrategen und Privatisierungsfetischisten den Sozialstaat noch nicht völlig gerodet haben, als da wären

Alten-, Kranken- und Behindertenpfleger,

Haupt-, Grund-, Sonder- und sonstige Schullehrer,

Schulden-, Familien- und Drogenberater,

Sozialarbeiter und Frauenchorleiter.

Nicht zu vergessen die zahlreichen Freiwilligen der diversen Hilfsdienste, Sport- und Geselligkeitsvereine und natürlich der freiwilligen Feuerwehren.

Ausgenommen sind hier ausdrücklich die Arschlöcher der Freiwilligen Feuerwehr Oer-Erkenschwick im Kreis Recklinghausen, die durch ihre brutalen Aufnahmerituale dazu beigetragen haben, das Ansehen der freiwilligen Brandwehren in diesem Land nachhaltig zu beschädigen.

Ein ganz besonders herzliches Willkommen gilt hingegen den nervenstarken Mitarbeiterinnen und Mitarbeitern der Kindergärten, Horte und Krabbelstuben, die nicht müde werden im Kampf gegen die verheerenden Kollateralschäden, die von überforderten Eltern und Großeltern in Oral-, Anal- und Nasalphase angerichtet werden. Ihr, liebe Erzieherinnen und Erzieher, ihr seid die wahren Trümmerfrauen und -männer der Gegenwart.

In diesem Zusammenhang begrüße ich auch alle Pazifisten, die immun geblieben sind gegen die verlogene Kriegspropaganda, wie sie von den Fischers, Scharpings und all den anderen Wendehälsen seinerzeit in die Friedensdebatte gekotzt wurde, und die dafür gesorgt hat, dass deutsche Soldaten wieder in verfassungsfeindlichen Auslandseinsätzen in aller Welt verrecken dürfen.

Sie, hochgeschätzte Friedensfreunde, Sie und ich – wir wissen: Kein Staat der Welt hat das Recht, einen Menschen zum Soldaten zu machen.

An dieser Stelle fällt mir dieser alte Witz ein, wo George Bush und Angela Merkel zusammenhocken und ein Journalist im Hintergrund hört, wie Bush vom Dritten Weltkrieg redet. Fragt der Journalist: »Sorry, Mister President, aber habe ich das jetzt richtig verstanden, Dritter Weltkrieg?« »Klar«, sagt Bush, »Dritter Weltkrieg! 40 Millionen Araber platt und ein Zahnarzt.« Fragt der Journalist: »Ja aber was hat denn der arme Zahnarzt damit zu tun?« Sagt Bush: »Siehst du, Angie, für die 40 Millionen Araber interessiert sich keine Sau.«

Liebe Araber, liebe Zahnärzte, sehr verehrte Menschen mit erblich bedingtem, deutlich sichtbar erhöhtem Melaninanteil in den Pigmenten der Haut, afrikanischer bzw. genauer wahrscheinlich frühägyptischer Herkunft oder wie es die Vollknalltüte unter den deutschen Bundespräsidenten, Heini Lübke, ausgedrückt hätte: »Liebe Neger!«

Liebe Immigranten, liebe Asylanten, liebe Exilanten!

30 Jahre, das ist schon eine verdammt lange Zeit. Das ist ja mehr als doppelt so lang, wie das Tausendjährige Reich gedauert hat. Das sind drei Jahrzehnte, also 10 956 Tage.

Das sind, wenn wir die Sonntagsausgaben mal weglassen, über 9400 Exemplare der Bildzeitung. Und so eine ordinäre Bildzeitung, die hat – bei durchschnittlich sechs Doppelseiten – eine Gesamtfläche von 27 360 Quadratzentimetern. Das sind bei 9400 Ausgaben insgesamt 25 720 Quadratmeter, also 2½ Fußballfelder bedruckt mit Lügen, Propaganda und Pornographie – und zwar beidseitig.

Kommt Ihnen jetzt wenig vor? Ja dann gehören Sie wahrscheinlich zu den Leuten, die dieses Drecksblatt nur lesen, wenn ihnen ihr Fischhändler den Kabeljau drin einwickelt. Ich bekomme meistens schon bei der Titelschlagzeile Sehstörungen.

Obwohl: Eine gute Schlagzeile gab es in all den Jahren. Nein, ich meine nicht die »Wir sind Papst«, wir sind ja auch nicht unfehlbar, tragen keine purpurroten Socken und unterstützen nicht das Opus Dei, nein, ich meine die – ich glaub das war im Jahr 2002 –, wo auf der Titelseite weit über hundert Köpfe von Bildzeitungslesern abgebildet waren.

Alice Schwarzer war damals noch nicht dabei, die haben sie erst später gekauft, auf jeden Fall hieß die Schlagzeile: »Kanzler, uns reicht's!«

Also ich fand das super. Endlich mal Leute, die öffentlich bekannten: »Danke, wir haben genug, uns reicht's!«

So etwas hätte es vor 30 Jahren ja gar nicht gegeben. Weil: Da gab es ja noch nichts. Keine Laptops, keine Flachbildschirme und vor allem keine Handys. Ich weiß gar nicht mehr, wie man sich damals verständigt hat.

Da stand man eingepfercht in irgendwelche nach Nikotin stinkenden Telefonzellen und fragte sich immer nur: »Verdammt, warum fährt das Ding nicht?«

Es gab keine SMS, kein DSDS, keine CD, keine DVD und kein DVBT.

Es gab nur den CVJM, den TÜV und die GSG 9.

Es gab keine Shopping-Malls, kein Dschungelcamp und kein Tokio Hotel.

Keine Gameboys, keine Callgirls und keine Jobcenter.

Jobcenter hieß damals noch Arbeitsamt. Wenn Sie da einen Arbeitslosen gefragt haben: »Und was machst du morgen?«, dann hieß es: »Ja, morgen häng ich auf dem Flur vom Arbeitsamt rum.« Heute heißt es: »Morgen relax ich auf'm Infofloor vom Jobcenter.« Das nenn ich einen Fortschritt.

Wie bei der Deutschen Bahn. Da sind Sie früher zur Auskunft, heute gehen Sie zum »Service Point«. Da sind Sie hinterher zwar auch nicht schlauer, aber es hat Ihnen auch keiner versprochen. Und apropos versprochen: Es gab auch keine Massenvernichtungswaffen im Irak, gut, die gab es nie, aber damals hat keiner gedacht, dass es deshalb einmal Krieg geben könnte.

Aber es gab die D-Mark – ah, die gute alte Deutsche Mark. Das war noch richtiges Geld. Mensch, eine Mark, das war doch ein Vermögen!

Da konntest du in Deutschland im Herbst '78 zu zweit ins Kino gehen, dich anschließend rappelvolllaufen lassen und den Rest hast du für die Rente weggelegt. Die war damals nämlich noch nicht sicher, weil Norbert Blüm kam erst später.

Wie überhaupt die ganz großen, feuchten Waschlappen der deutschen Politik erst sehr viel später kamen. Vor 30 Jahren standen so Leute wie der Markus Söder oder der Hubertus Heil oder der Ronald Pofalla, da standen die noch frustriert in der Frustriertenecke auf'm Schulhof rum, weil keiner mit ihnen spielen wollte.

Ja wenn wir damals schon gewusst hätten, was für katastrophale Auswirkungen das für ihren weiteren Werdegang hatte, dann hätten wir sie natürlich mitspielen lassen. Da wäre uns heute einiges erspart geblieben.

Dasselbe gilt für Gerhard Schröder. Der ist damals gerade zum Juso-Vorsitzenden gewählt worden. Wenn da seine Stamokap-Genossen auch nur geahnt hätten, wie dieser selbstverliebte Maulheld dereinst die eigene Partei in Grund und Boden reformiert, der Mann wäre nicht mal Kassenwart geworden, den hätten sie zum Teufel gejagt.

Oder Angela Merkel. Die war 1979 noch so alt wie ich. Ja wenn die Sozialdemokraten damals gewusst hätten, dass da hinter dem Stacheldraht die neue Königin von Deutschland heranwächst, na, da hätten sie sich das mit dem Wandel durch Annäherung aber dreimal überlegt. Oder zumindest hätten sie sich mehr Zeit gelassen.

Aber hinterher ist man immer schlauer. Wie beim Fall der Mauer. Da habe ich gedacht: »Mensch, jetzt geht's hier aber los!« Jetzt kommen die ganzen Montagsdemonstranten, und dann heißt es: »Wir sind das Volk!«, und dann wird der ganze Laden mal ordentlich aufgemischt. Und was war?

Am Ende ging es nur um Begrüßungsgeld, Westfernsehen und zwei Wochen Mallorca all-inclusive. Von wegen: »Wir sind das Volk!« Wir sind ein Volk und zwar genau so eins wie ihr.

Aber das hat vor 30 Jahren ja keiner wissen können. Genau wie das mit der Umwelt. Damals gab es ja noch gar keine Umwelt. Die wurde da ja gerade erst erfunden. Und heute, 30 Jahre später, ist sie auch schon wieder weg.

Wie der Regenwald. Jede Minute 28 Hektar ein für allemal weg. Das macht seit '79 eine Fläche, die ist mehr als achtmal so groß wie Deutschland. Das nenne ich Wachstum.

Wir leben eben in einer Gesellschaft, die nur ein einziges Ziel kennt, nämlich Wachstum. Und deshalb wächst das eben alles: das Ozonloch, der Meeresspiegel, die Wüste.

Vor 30 Jahren, da hat das – bis auf ein paar verzottelte Öko-Brödler – keinen interessiert. Und eigentlich war das irgendwie angenehmer.

Denn mal ehrlich: Wer will das alles wissen?

Nehmen wir mal an, Sie sind überzeugter Camping-Urlauber.

Ja und jetzt liegen Sie in Ihrem Zelt und wissen, dass der Zeltstoff schwindelerregendes Cyclohexan ausgast, während Ihre Isomatte Ihnen gleichzeitig voll auf die Nerven geht, indem sie Ihren Organismus mit den diversen Phosphor-organischen Verbindungen versorgt.

Die Jogginghose ist verseucht mit leberschädigendem Triclosan, die Plastiklatschen sind randvoll mit Tributylzinn, der aufs Hormonsystem schlägt, und das Kondom von letzter Nacht ist belastet mit krebserregenden Nitrosaminen. »Do lachste dich kapott, dat nennt mer Camping!«

Da kann man der Chemischen Industrie nur dankbar sein, dass sie uns mit all diesen entsetzlichen Informationen verschont. Da wird man doch seines Lebens nicht mehr froh.

Zwischenfrage:
Woran denken Sie, wenn Sie die
folgenden Begriffe hören:
Blei, Quecksilber, Cadmium, Chrom?

Nun, wahrscheinlich denken Sie an: Krebserregend, gesund-
heitsschädlich und erbgutschädigend, um nur einige der Folgen zu nennen, die die oben genannten Giftstoffe und Schwermetalle für den menschlichen Organismus haben.

Und wo finden Sie all diese hochtoxischen und extrem ge-
fährlichen Stoffe und Substanzen auf einem einzigen großen
Haufen? Ich sage es Ihnen: In jedem deutschen Kinderzimmer!
Normalerweise müssten an den Türen dieser Zimmer Warn-
hinweise angebracht werden: »Das Betreten dieses Raumes
ohne Schutzkleidung und Atemmaske kann schwerwiegende
Folgen für Ihre Gesundheit haben!« Das deutsche Kinderzimmer als Giftmülldeponie!

Der ganze Plastikspielzeug-Plunder, mit dem diese Kinderzimmer bis unter die Decke vollgestopft sind, ist nämlich
extrem belastet mit allem, was auf der endlos langen Liste der
krankheitserregenden Substanzen aufgelistet ist.

Das fängt an bei den Giftcocktails im Plastik, geht über die
diversen Stabilisatoren in den vielen bunten Farben und hört
auf bei den allergenen Duftstoffen, die dafür sorgen, dass die
süße Barbie-Puppe nicht nur supersüß aussieht, sondern auch
noch supersüß riecht. Nach Erdbeeren zum Beispiel.

Und deshalb hat das Europaparlament ein Gesetz verabschiedet, das 55 allergieauslösende Duftstoffe in Spielzeug verbietet,
und neue, niedrigere Grenzwerte für Schwermetalle in diesem

Spielzeug festlegt. Einziges Problem: Das Gesetz tritt erst in zwei Jahren in Kraft, und bis die neuen chemischen Grenzwerte gelten, dauert es sogar noch vier Jahre. Und das Tolle ist: Die Giftspielzeug-Hersteller dürfen sich auch in Zukunft die notwendigen Unbedenklichkeitsbescheinigungen selber ausstellen.

Es ist unfassbar: Dieselbe EU-Kommission, die den Krümmungsgrad von Salatgurken millimetergenau festlegt, ist nicht in der Lage, ein sofortiges und totales Verbot für Giftstoffe im Kinderspielzeug durchzusetzen. Denn wie sagt die amtierende Ratsvorsitzende, Valérie Létard: »Die Gesetzgeber mussten einen ausgeglichenen Ansatz finden, der die Sicherheit der Spielzeuge garantiert,« – und jetzt kommt's – »ohne den Preis zu erhöhen, und der den Herstellern und Importeuren keine zu strengen Verpflichtungen auferlegt.«

In diesem Sinne: Übermorgen, Kinder, wird's was geben, übermorgen werdet ihr euch freun. Und wenn die erste Freude dann vorbei ist, dann macht ihr mit Mami und Papi einen schönen Spaziergang. Zum Onkel Doktor. Blut untersuchen lassen.

Das hat doch vor 30 Jahren kein Mensch gewusst. Und warum nicht? Weil es keiner hat wissen wollen!

Es war nicht alles schlecht

Im Eisschrank schmilzt der letzte Pol,
Und die Massive klingen hohl.
Tagtäglich sterben tausend Arten.
Manch eine kann es kaum erwarten.

Die Menschen auf der ganzen Welt,
Die schlucken Öl und fressen Geld.
Man sieht sie Flachbildschirme kaufen,
Derweil sie jämmerlich ersaufen.

Doch ganz egal, was auch passiert,
Am Ende heißt es garantiert:
»Mensch Leute, seid nicht ungerecht!
Es war verdammt nicht alles schlecht!«
Der Rest geht unter im Gelächter:
»Genau, es war nicht alles schlecht –
Das meiste war noch schlechter!«

Am Himmel platzt ein Menschheitstraum.
Ganz still und leis, man hört es kaum.
Noch einmal läuft »Der Stein der Greisen«.
Der letzte Vorhang ist aus Eisen.

Im Saal wird's plötzlich totenstill,
Weil's keiner wirklich glauben will:
Es rettet uns kein höhres Wesen!
Die letzte Messe ist gelesen!

Doch ganz egal, was auch passiert,
Am Ende heißt es garantiert:
»Jetzt seid doch nicht so ungerecht!
Es war doch nicht nur alles schlecht!«
Der Rest geht unter im Gelächter:
»Genau, es war nicht alles schlecht -
Das meiste war noch schlechter!«

Das Paradies gibt es nicht mehr.
Der Garten Eden steht jetzt leer.
Die Attentäter standen Schlange.
Den Jungfraun wurd schon Angst und Bange.

Dann wurd das Himmelstor gestürmt.
Die Wächter sind sofort getürmt.
Und alle, die beteiligt waren,
Sind in die Hölle eingefahren.

Da steht jetzt bis in Ewigkeit
Ein Wanderprediger und schreit:
»Mensch Leute, seid nicht ungerecht!
Es war doch nicht nur alles schlecht!«
Der Rest geht unter im Gelächter:
»Genau, es war nicht alles schlecht
Das meiste war noch schlechter!«.

Und weil das so ist, deshalb interessieren die ollen Kamellen von damals keinen Menschen mehr. Dieses ganze Gerede von früher! Geh mir doch weg mit früher! Früher, das war doch eine ganz andere Zeit! Wer früher aufgestanden ist, der hat sich heute die Sitzheizung redlich verdient.

Wie die Grünen. Sie erinnern sich? Das war diese Friedenspartei, die aus der Friedensbewegung hervorgegangen ist. Was war das für ein Spektakel, als die Grünen 1983 zum ersten Mal in den Bundestag eingefallen sind. Da haben die alle Grünpflanzen mitgebracht.

Und wie die aussahen. Da wusste keiner, was die Grünpflanze ist und was der Abgeordnete.

Wahnsinn! Der Einbruch der Holzfäller in die friedliche Familie. Und dann: »Hopp! Hopp! Hopp! Atomraketen Stopp!« Und heute: »Deutsche Waffen, deutsches Geld, nichts wie rein in alle Welt!« Wenn die Grünen heute in ihren alten Programmen blättern, dann müssten die eigentlich aus Scham im Boden versinken.

Genau wie die Freien Fiberalen von der FDP. Also, die jetzt weniger wegen des Programms, da hatten die bekanntlich nie eins, die eher wegen all der zwielichtigen Gestalten, die das Fähnlein der Fiberalen in den jeweils herrschenden Wind gehängt haben.

Der Otto Graf von Rotz, der Lambsdorff und seine kriminellen Machenschaften, der Möllemann, der alte Todes-Flyer, oder der Guido, der Westerwelle. Wenn der zurückguckt und sieht, wie er sich seinerzeit im Gagamobil zum Affen gemacht hat – also, dass der sich nach der Wahl keinen Fallschirm gekauft hat, wundert mich bis heute. Aber der hat sich ja geändert, der Guido.

Mensch, was hat der auf dem Wahlparteitag der FDP den staatstragenden Willi gegeben!

Da hat er in seiner Parteitagsrede behauptet, die Freiheitsstatue stünde leibhaftig auf eben diesem Parteitag. Da haben sich seine Zuhörer erst einmal verstohlen umgeguckt, um zu prüfen, ob sie da vielleicht irgendetwas im Saal übersehen hatten, und dann haben sie gemerkt: »Mensch, der Guido meint sich selbst!«

Guido Westerwelle als »German Statue of Liberty«, der die Fackel der Freiheit hochhält in der sozialistischen Dunkelheit, die dieses Land verfinstert. Und als sie dann genauer hingeschaut hatten, da haben die Delegierten plötzlich gesehen, dass der Guido gar keine Fackel in der Hand hielt, sondern eine Keule.

Und mit der Keule hat er dann auf alles eingedroschen, was außerhalb der FDP politisch so kräucht und fleucht: auf die schwarz lackierten Sozialdemokraten von der CDU, auf die Fundamentalisten der SPD und der Grünen und natürlich auf die modrigen Leichenfledderer von der PDS. Und auf dem Höhepunkt der Keulerei musste er sich dann noch übergeben, weil er an das Fidel-Castro-Bild im Büro von Andrea Nahles denken musste.

Und als die Delegierten dann wissen wollten, was denn jetzt das Besondere an ihrer eigenen fiberalen Partei sei, da hat er es ihnen dann final gegeben. Zitat: »Wir sind zuallererst eine eigenständige Partei. Und dann kommt lange nichts.« Und genau das ist das Problem.

Die Einzigen, die am liebsten nur noch zurückgucken würden, sind die deutschen Sozialdemokraten. Ach, was waren das für Zeiten! Brandt, Wehner, Schmidt.

Den Helmut Schmidt würden heute noch 80 Prozent der Bevölkerung zum Kanzler wählen. Und das, obwohl er allen Frischluft-Fanatikern dieser Welt kräftig einen hustet: der letzte quasi rund um die Uhr qualmende Schlot in der rauchfreien Landschaft. Ein Mann, der keine Luft atmet, die er nicht sehen kann, und der deshalb schon bald ganz offiziell nicht mehr als Bundeskanzler, sondern als Bundesstraße geführt werden soll.

Aber immerhin lebt er noch. Im Gegensatz zu seiner Partei.

Aber, wie gesagt: Außer den Sozialdemokraten gucken alle nur nach vorn. Denn ganz vorn, am Ende des Tunnels, da ist angeblich das Licht. Einziges Problem: Das Licht da am Ende des Tunnels ist nicht das Ende des Tunnels, sondern der entgegenkommende Zug.

Weiter!

Im Kanzleramt brennt sehr spät nachts noch Licht.
Die gute Mutti ist allein zuhaus.
Der Pflug der Sorgen pflügt ihr durchs Gesicht.
Die gute Mutti sieht echt übel aus.

Sie weiß, da draußen bricht all das zusammen,
Was irgendwann zusammenbrechen muss.
Die ganze Welt steht lichterloh in Flammen.
Die Zeiger stehen kurz vor Ladenschluss.

Und sie weiß nicht, was,
Und sie weiß nicht, wie,
Doch sie weiß genau, dass
Irgendwas irgendwie
Getan werden muss –
Weil ansonsten ist Schluss.

G7, G8t
Hat gar nichts gebracht,
Auf allen Gipfeln ist Ruh –
Überall hörest du die Frage: Was nun?
Was solln wir bloß tun?

Auf jeden Fall weiter, weiter und immer so weiter!
Wir pfeifen ein Lied aus dem letzten Loch.
Und weiter, weiter und immer so weiter!
Denn solange wir pfeifen, da geht es doch noch.

Ein Lied von den Wolken in schweißnassen Träumen,
Von der lähmenden Angst in den finsteren Räumen,
Auch wenn wir die Hand nicht vor Augen sehn,
Na, dann muss es doch trotzdem weitergehn.

Also weiter und weiter und immer so weiter!
Mit dem Himmel auf dem Kopf und dem Wasser unterm Kinn.
Immer weiter, weiter, weiter.
Der Taube führt den Lahmen, und der Blinde sagt wohin.

Von vorne da bläst ein eisiger Wind,
Die Angst kommt von hinten gekrochen,
Und wenn wir mit Latein am Ende sind,
Na, dann wird eben griechisch gesprochen.

Die Denker sitzen in der Denkfabrik.
Aus ihren Köpfen quillt ein kalter Rauch.
Sie denken kreuz und quer, vor und zurück,
Und seitwärts denken sie zuweilen auch.

Sie sind so tief in ihren Denkprozessen,
So ganz und gar aufs Denken konzentriert,
Dass mancher schon seit längerem vergessen,
Wohin die Denkerei am Ende führt.

Denn sie wissen nicht was,
Und sie wissen nicht wie,

Sie wissen nur, dass
Irgendwas irgendwie
Gedacht werden muss,
Weil ansonsten ist Schluss.

Mit Schweiß auf der Stirn
Und Nebel im Hirn
Drehen sie sich wie irre im Kreis,
Weil keiner mehr weiß,
Was macht denn noch Sinn
Und wo geht es bloß hin.

Auf jeden Fall weiter und weiter und immer noch weiter!
Für das Wünscheln die Rute, für den Nebel das Horn.
Und weiter und weiter und immer noch weiter!
Zurück geht's nach unten und aufwärts nach vorn.

Und sollten wir unterwegs die Orientierung verlieren,
Dann müssen wir die Ziele eben neu programmieren.
Kein Grund zur Panik, es ist alles im Lot.
Wofür haben wir schließlich den Autopilot?

Hauptsache weiter und weiter und immer nur weiter.
Wir schlagen uns schon durch, nichts und niemand hält uns auf
Immer weiter, weiter, weiter.
Und geht es mal kurz runter, dann geht's auch wieder rauf.

Am Wegesrand steht ein alter Prophet,
Der wollte uns grad noch was sagen.
Gereicht hat es noch für ein letztes Gebet,
Dann haben sie ihn totgeschlagen.

Wachstum!

Was auch immer passiert, eins steht fest: Danach muss es weitergehen! Und damit es weitergeht, brauchen wir Wachstum. Wachstum um jeden Preis! Deshalb gibt es ja das Wirtschaftswachstums-Beschleunigungsgesetz. Damit wir schleunigst auf einen selbstragenden Wachstumspfad zurückkehren.

Wir befinden uns in einem gnadenlosen, globalen Wachstumswettbewerb. Die Chinesen wachsen, die Inder wachsen, die Koreaner wachsen. Deshalb heißen die Schwellenländer ja Schwellenländern, weil sie permanent anschwellen. Das dauert gar nicht mehr so lange, dann wachsen die an uns vorbei und über uns hinaus.

Jetzt könnte man ja sagen: »Ach, was soll's, lass sie doch wachsen, die werden schon sehen, was sie davon haben. Wir steigen aus und beschließen, für uns hat es sich ausgewachsen. Dieses ganze Wachstum ist doch krank, wir schrumpfen uns gesund.«

Aber ohne Wachstum kein Wohlstand und ohne Wohlstand kein Eigenheim, kein Zweitwagen und keine Kreuzfahrt mit Vollpension. Stattdessen: Wellblechhütte, Ochsenkarren und Urlaub mit dem Finger auf der Landkarte. Fahren Sie mal nach Afrika, da sehen Sie, wohin das führt, wenn gar nichts mehr wächst.

Bescheidenheit ist eine Zier, doch besser lebt sich's ohne ihr.

Der Mensch lebt eben nicht vom Brot allein, ein Scheibchen Wurst darf auch drauf sein.

Da können Sie fragen, wen Sie wollen. Wenn einer die Wahl hat zwischen einer doppelten Portion eins a Biogänsestopfleberpastete und einer halben Handvoll Reis,

zwischen dem Fahrersitz des neuen Audi Protzo XXL mit vollautomatischer Heckklappenspoiler-Hydraulik und einem Platz im Gepäckträger eines öffentlichen Klappermobils,

zwischen einem verlängerten Wellness-Wochenende im Sporthotel Dollenberg und einer Übernachtung in der Sammelunterkunft der barmherzigen Brüder vom gekreuzigten Sankt Lazarus,

zwischen Hochseesegelyacht und Township,

zwischen Filet und Fischmehl,

zwischen Sekt und Selters.

Ja, wer nimmt denn wenig, wenn er viel bekommen kann?

Verzicht? Verzicht ist was für Leute, die nichts haben, denen macht das nichts aus. Die kennen es nicht anders. Aber freiwillig? Klar, freiwillige Selbstkontrolle, Freiwilligenarmee und wegen mir auch freiwillige Feuerwehr. Aber freiwilliger Verzicht?

So geht das nicht.

Weniger ist eben nicht mehr, denn umso mehr weniger, desto weniger haben Sie mehr, und am Ende haben alle nichts. Das ist einfach wider die Natur. Wider die Natur des Menschen. Wider die Natur der Gesetze. Wider die Natur der Naturgesetze.

Zum Beispiel die Vögel. Sie säen nichts und sie ernten nichts, weil sie nichts gesät haben. Oder die Bäume. Was tun die denn den lieben langen Tag? Na, sie wachsen. Und zwar in den Himmel. Da können Sie die gesamte Flora samt Fauna durchforsten, da werden sie nicht eine Art von Spezies finden, deren wichtigster Daseinszweck nicht das Wachsen ist.

Und wenn was nicht richtig wächst, dann gibt es Probleme. Beispiel Amazonas. Da wächst der Regenwald einfach nicht so schnell nach, wie er abgeholzt wird.

Und schon laufen in Pakistan die Keller voll, weil es zu viel regnet, und in Russland brennen ganze Landstriche ab, weil es zu wenig regnet. Und das alles nur, weil der doofe Regenwald nicht schnell genug nachwächst. Die sollten mal unsere Kanzlerin fragen. Die weiß, was man da tut. Man verabschiedet ein Regenwaldnachwachstums-Beschleunigungsgesetz.

Oder nehmen wir den amerikanischen Mais. Wenn der nicht ordentlich wächst, weil es Probleme gibt, mit Pilzen, Käfern oder anderen Schädlingen, ja dann muss man entsprechende Maßnahmen ergreifen. Sankta Monsanto, rette uns! Pestizide, Herbizide, Fungizide und schon wächst der Mais, bei den Maiskonsumenten wachsen die Krebsgeschwüre und bei den Radiologen und Onkologen wachsen die Umsätze. – So muss das sein. Das quasi alles mit allem zusammenwächst. Störungsfrei, versteht sich.

Wenn Sie bei Ihrem Kind Wachstumsstörungen feststellen, was machen Sie dann? Na dann gehen Sie zum Arzt, damit der die Ursache für die Störungen diagnostiziert und dementsprechend behandelt. Und nichts anderes tut die Angela Merkel. Oder sie versucht es zumindest.

Denn die Merkel hat von den tiefen Ursachen der Störungen, die sie da behandeln soll, in etwa so viel Ahnung wie das Rindvieh von der Wurstverarbeitung. Die Frau hat das ja gar nicht gelernt, die hat in der DDR Pionierarbeit geleistet an der Karl-Marx-Universität in Leipzig. Die musste sich den ganzen Kapitalismus nach der Wende erst mühsam draufschaffen.

Und deshalb sagt die auch immer solche Sachen wie: »In modernen Gesellschaften gibt es große Spannbreiten von Überzeugungen und deshalb stellen sich unterschiedliche Prioritäten unterschiedlich dar.«

Oder: »Am Schluss wird es so sein, dass alles mit allem zusammenhängt.« Als der olle Kohl seinerzeit den Brüller abgesondert hat: »Entscheidend ist, was am Ende hinten rauskommt«, na da war das Gelächter aber groß. Nur wenn die Merkel einen noch viel größeren Stuss von sich gibt, dann lacht kein Mensch. Ganz im Gegenteil, da nicken alle und sagen: »Ja genau, wenn die Darstellung der Spannbreiten mit den Unterschieden der Prioritäten in modernen Gesellschaften zusammenhängt, dann ist Schluss mit den Überzeugungen.«

Aber was soll die Merkel auch sagen: »Tut mir leid liebe Landsleute, aber ich habe nicht den leisesten Hauch einer Ahnung, wovon ich eigentlich spreche.«

Also dann doch lieber: »Wir sind in dieser Frage in einer großen Kontinuität, aber leider erreichen uns immer wieder Ereignisse, die uns in die Realität zurückführen.«

Es gehört zu den ganz großen Rätseln dieser Zeit, warum diese Frau immer wieder gewählt wird. Sie gehen ja auch nicht mit Ihrem wachstumsgestörten Kind zum Klempner oder zum Hundefriseur. Aber was soll's. Jetzt hat sie diesen Job. Und weil sie eben von Wirtschaft so viel versteht wie Sie und ich, deshalb lässt sie sich beraten. Zum Beispiel von ihrem Freund Ackermann.

Den hat sie ja damals ins Kanzleramt eingeladen, damit der da seinen 60. Geburtstag feiert. Also da wäre ich gerne dabei gewesen! Und sei es nur als Mitglied des Servicepersonals. Einmal hautnah miterleben dürfen, wie die Kanzlerin für den Chef der Deutschen Bank eine Geburtstagsparty ausrichtet, das wär's gewesen.

Bestimmt hat die Merkel für ihre Gäste was Leckeres gekocht, ihre berühmten uckermärkschen Rinderrouladen zum Beispiel, und nach dem Essen haben sich alle ein paar lustige Hütchen aufgesetzt und dann gab es die üblichen Geburtstagsparty-Spielchen: Goldeierlaufen, Subventions-Topfschlagen und Geldsackhüpfen.

Und auf dem Höhepunkt der Feier hat sich die Gastgeberin vom Ackermann persönlich die Augen verbinden lassen und dann hat die feine Gesellschaft in den Gängen des Kanzleramts bis zum frühen Morgen mit der Merkel gespielt. Blinde Kuh!

Und damit wären wir wieder beim Thema: Was kann, ja was muss die Regierung tun, damit das Wachstum weiter wächst. Nun, sie muss den Hammer rausholen, den Sparhammer. Zehn Milliarden Euro müssen allein in diesem Jahr von Staats wegen eingespart werden, und dazu ist es laut Angela Merkel »unabdingbar, dass wir in dem Verhältnis von Zukunftsinvestitionen zu Sozialausgaben eine neue Austarierung machen«.

Und wenn Sie jetzt nach dem tieferen Sinn dieses verquasten Gequatsches fragen, dann lautet die Antwort: Ab sofort wird komplett neu austariert in die Zukunft investiert, in dem der Staat bei denen kassiert, die ohnehin keine Zukunft haben. Übrigens heißt »austarieren« auf Deutsch »ins Gleichgewicht bringen«. Und das wiederum heißt, nicht bei denen zu holen, die etwas geben könnten, sondern denen weniger zu geben, bei denen nichts zu holen ist.

Man nennt das auch Gerechtigkeitslücke.

Kommt jemand zum Zahnarzt, der hat keinen einzigen Zahn mehr im Mund: »Herr Doktor, ich habe eine Zahnlücke.« Sagt der Arzt: »Na und, Sie haben ja eh nichts zu beißen.«

Es gibt eben in jeder Gesellschaft solche und solche. Solche, die mehr haben und solche, die weniger haben. Wenn wir alle gleich wären, ja das wäre doch langweilig. Nur wenn es welche gibt, die etwas haben, was die anderen nicht haben, was sie aber auch unbedingt haben wollen, nur dann entsteht diese Kraft, die letztendlich Wachstum schafft: der Neid!

»Wer Neid fördert, schafft Wohlstand«. So stand es schwarz auf weiß in jener Illustrierten, die uns seinerzeit die Hitler-Tagebücher unterjubeln wollte. Da wurden seitenweise irgendwelche Verhaltensforscher zitiert, um zu beweisen, dass Missgunst und Eifersucht die eigentlichen Triebfedern seien, die zu einem besseren Leben führen. Von wegen: Man muss auch können gönnen. Nicht die Butter auf dem Brot!

Das ist die Kraft, die Wachstum schafft. Keine Bildung, kein Fleiß, kein Glauben, nein, einfach nur Neid. Und dann diesen abgrundtiefen Neid noch anreichern mit einer ordentlichen Portion maßloser Gefräßigkeit und Habgier und dann nichts wie ran an die goldenen Fleischtröge und dann wird reingehauen!

Gier

Was ist das für ein Tier, die Gier?
Es frisst an mir,
Es frisst in dir.
Will mehr und mehr
Und frisst uns leer.

Wo kommt das her,
Das Tier, und wer
Erschuf sie nur,
Die Kreatur?

Wo ist das finstre Höllenloch,
Aus dem die Teufelsbestie kroch,
Die sich allein dadurch vermehrt,
Indem sie dich und mich verzehrt?

Und wann fängt dieses Elend an,
Dass man genug nicht kriegen kann.
Und plötzlich einfach so vergisst,
Dass man doch längst gesättigt ist,
Und weiter frisst und frisst und frisst?

Und trifft dann so ein Nimmersatt
Auf jemanden, der etwas hat,
Was er nicht hat und gar nicht braucht,
Dann will er's auch.

Wie? Das soll's schon gewesen sein?
Nein, einer geht bestimmt noch rein.
Und überhaupt: Da ist doch wer,
Der frisst tatsächlich noch viel mehr
Und plötzlich sind sie dann zu zweit:
Die Gier und ihre Brut, der Neid.

Das bringt mich noch einmal ins Grab,
Dass der was hat, das ich nicht hab,
Dass der wo ist, wo ich nicht bin,
Das will ich auch, da muss ich hin.

Warum denn der?
Warum nicht ich?
Was der für sich,
Will ich für mich.

Der lebt in Saus
Und lebt in Braus
Mit Frau und Hund und Geld und Haus
Und hängt den coolen Großkotz raus.

Wahrscheinlich alles auf Kredit.
Und unsereiner kommt nicht mit.
Der protzt und prahlt.
Und strotzt und strahlt.

Wie der schon geht.
Wie der schon steht.
Wie der sich um sich selber dreht,
Und wie der aus dem Auto steigt
Und aller Welt den Hintern zeigt.

Blasierte Sau!
Und seine Frau
Ist ganz genau
So arrogant
Und degoutant.

Und diese Blagen,
Die es wagen,
Die Nasen so unendlich hoch zu tragen …

Da hört er aber auf, der Spaß.
So kommt zu Neid und Gier der Hass.

Und sind die erst einmal zu dritt,
Fehlt nur noch ein ganz kleiner Schritt,
Bis dass der Mensch komplett verroht
Und schlägt den anderen halbtot.

Wer hat ihn bloß so weit gebracht?
Das hat allein die Gier gemacht!

Die Krise ist weiblich

Aber wie gesagt: Hauptsache Wachstum. Wachstum auch in der Krise. Das ist übrigens für mich das Eigentümlichste an der Krise, die ja seit dem zweiten Quartal 2010 glücklicherweise kein Problem mehr ist, so wie das Öl im Golf von Mexiko, einfach weg, verdunstet unter der Sonne der Konjunktur, zumindest vorrübergehend, bis das Klima wieder umschlägt, also: Das Eigentümliche an der Krise ist: Die Krise ist immer weiblich. Denn es heißt ja die Krise und nicht der Krise.

Dabei wurde sie doch ausschließlich von Männern gemacht. Gucken Sie sich die Vorstände der großen Pleite-Banken einmal an. Haben Sie da schon mal irgendwo eine Frau gesehen? Nein, das sind alles Krawattenträger im besten Mannesalter, ausgestattet mit einem Selbstbewusstsein, wie es in dieser Übergröße nur der männliche Teil der Bevölkerung mit sich rumschleppen kann.

Und trotzdem sind alle diese Phänomene, die dieses Selbstbewusstsein vorrübergehend erschüttert haben, weiblich: die Krise, die Rezession, die Flaute, die Insolvenz. Und wen trafen all diese Katastrophen mit voller Wucht? Na logisch, uns Männer.

Erst gibt es keine richtige Männer-Unterwäsche mehr, weil die Feinripp-Produktion eingestellt wird und es sich endgültig ausgeschiessert hat. Und dann muss sich Mann auch noch so hämische Kommentare anhören wie: »Na, da hättet ihr mal öfter wechseln sollen.«

Als Nächstes erwischt es das Lieblingsspielzeug aller Väter und Großväter, die elektrische Eisenbahn. Die Märklin-Insolvenz als Zeichen für das nahende Ende des Patriachats: Nie wieder im Keller auf der Platte die komplexesten Gleisanlagen verlegen, um anschließend am Trafo die alleinige Herrschaft über das Streckennetz auszuüben.

Nie wieder Gebirge erschaffen, Wälder pflanzen und winzige Menschen in sauber geleimten Faller-Häuschen ansiedeln. Der Kindheitstraum von Gott, dem Lokomotivführer, ein für allemal ausgeträumt. Dreimal H0 ist null bleibt null.

Klar, es gibt noch die Carrera-Bahn. Aber wer kann denn heutzutage noch unbelastet mit Autos spielen? Mit Rennautos? Jetzt, wo die gesamte Automobil-Industrie mit dem Umdenken anfängt. Weg vom spritfressenden Automobil hin zum schadstoffarmen Öko-Mobil. – Wie sich das schon anhört: »Ich hol mal eben das Öko aus der Garage.« Oder: »Wir haben uns jetzt einen Zweit-Öko zugelegt.« – »Und womit fährt der?« – »Mit Raps!« – »Mit Raps? Verstehe, Sie sind mit dem Rasenmäher da.«

Wenn der durchschnittliche Bleifuß-Indianer Öko hört, dann läuft bei dem automatisch der ganze Horrorfilm aus dem Anti-Auto-Programm der giftgrünen Bremsklötze: Tempolimit, Verkehrsberuhigungshubbel, Fahrverbot, und was es sonst noch so gibt an ökologischem Sand im schadstoffarmen Getriebe. Wie sagt der Vorsitzende des Verbands der Deutschen Automobil-Industrie, der ehemalige CDU-Verkehrsminister, Matthias Wissmann: »Müsli-Autos interessieren keinen Menschen!«

Was wir brauchen, ist laut Wissmann »eine Symbiose aus ökologischer Vernunft und automobiler Emotion«. Und was diese automobile Emotion aus einem Mann machen kann, das weiß jeder, der einmal versucht hat, auf einer deutschen Autobahn die Überholspur ökologisch sinnvoll zu nutzen. Da haben

Sie schon nach kurzer Zeit eine wildgewordene Meute von wütenden Vollgasstrategen an der Stoßstange kleben, die mit Schaum vor dem Mund hinter ihren Lenkrädern rumtoben, als hätten sie die Sitzheizung auf Grillen gestellt.

Und diese menschgewordenen Antriebswellen sollen sich jetzt endgültig verabschieden von den Zeiten, als sich der soziale Aufstieg noch in Automarken spiegelte. Beispiel Opel: vom Kadett über den Kapitän hin zum Admiral. Vorbei! »Ich hab mir jetzt einen Opel Smutje gekauft, das ist so ein Kleinwagen« – ein Kleinwagen! Was für eine Schmach. Und auf der anderen Seite der Erde hockt der Chinese grinsend in der S-Klasse und zeigt den Deutschen, was eine richtige Hupe ist.

Dieselben Chinesen, die noch bis vor kurzem den Fahrradschlauch geflickt haben, während wir die extrabreiten Opti-Grip-Slicks mit der zweilagigen Laufstreifenmischung aufgezogen haben, die sitzen in unseren Großraumlimousinen. Und wir quetschen uns in winzige Plastikeimer auf Rädern und suchen die nächste Steckdose oder kommen nur noch so weit, wie die Kabeltrommel reicht. Der geborene Bleifüßler im tiefergelegten Bobby-Car auf der Kriechspur. Und in der Stereoanlage läuft eine selbstgebrannte CD mit den Geräuschen der Turbolader von einst.

Da ist es kein Wunder, wenn das stolze Männergeschlecht ein Fall für den Therapeuten geworden ist. Das fängt doch schon in der Schule an, wo die Jungs inzwischen nur noch dadurch auffallen, dass sie den Mädchen in allen kognitiven Bereichen hoffnungslos hinterherhinken.

Und selbst bei den Pausenhofschlägereien ziehen sie immer öfter den Kürzeren. Die Nachfahren der Patriarchen und Sonnenkönige verblödet, vermöbelt und von allen guten Mannesgeistern verlassen. Das Einzige, wo sie noch zulegen, ist beim Körpergewicht.

Und was für den normalen Alltag im Allgemeinen, das gilt gerade für die Politik im Besonderen. Wer ist denn angeblich Schuld am erbärmlichen Zustand der Politik? Na der Politiker! Von den Politikerinnen ist da nur sehr selten die Rede. Die von der Leyen, die Lautheusser, die Schnarrenberger – die können so viel Mist bauen, wie sie wollen, da sagt keiner was.

Selbst so eine ahnungslose Trutsche wie die Köhler, die bis heute nur dadurch positiv aufgefallen ist, dass sie bei ihrer Vereidigung den Amtseid fehlerfrei aufgesagt hat, selbst die genießt mehr Ansehen als alle ihre männlichen Ministerkollegen zusammen.

Oder die Merkel. Wenn die ein Mann wäre, die hätten sie schon längst zum Teufel gejagt. Aber so: »Ach, die Mutti wird's schon richten!«

Was alleine so ein armer Bembel wie der Brüderle an Prügel einstecken muss, und dabei hat der doch nun wirklich noch nichts gemacht. Der tut doch keinem was, der will doch nur reden.

Oder der Dings hier, wie heißt er noch? Die Oberplinse vom Ofenschützenverein FDP, nun komm, nu sag schon, genau, der Westerwelle. Mensch, was sieht der in der letzten Zeit schlecht aus. Und warum? Weil er nichts mehr sagen darf. Kaum rutscht ihm mal wieder so eine »Steuersenkung« raus, schon kriegt er von seiner Chefin einen drüber und wird zur Strafe ins Flugzeug gesetzt zum Staatsbesuch in die Karpaten.

Deshalb verlassen ja immer mehr von den alten Haudegen die politische Bühne. Der Koch, der Rüttgers, der Köhler, der Merz. Weil sie es leid sind, unter der Fuchtel des Merkel'schen Matriachats das Watschenmännecken zu geben.

Da gehen sie doch lieber in die Industrie, wo man noch weiß, was so ein echter Männerbund ist.

Der Politiker gehört zu einer aussterbenden Spezies.

Denn der Politiker ist einsam!

Der Politiker ist unverstanden!

Der Politiker ist ausgegrenzt.

Und dabei ist der Politiker doch auch nur ein Mensch, auch wenn bei dem einen oder anderen durchaus Zweifel auftauchen könnten.

Philipp Mißfelder, Dirk Niebel, Ronald Pofalla – da gibt es so einige, die den Eindruck machen, sie kämen direkt aus dem Regal mit den Einwegflaschen.

Wenn heute ein Jugendlicher zu seinen Eltern kommt und sagt: »Ich geh in die Politik«, dann ist das für die Eltern gleichbedeutend mit: »Ich geh auf den Strich.«

»Wie kannst du uns das antun? Was haben wir denn falsch gemacht? Von uns aus kannst du gehen, wohin du willst. Geh in die Fremdenlegion, geh ins Kloster oder geh – wenn dir gar nichts mehr einfällt – zu den Zeugen Jehovas, aber wir flehen dich an: Mach uns keine Schande. Geh bloß nicht in die Politik.«

Deshalb beschreiten die Parteien auch ganz neue Wege der Nachwuchsförderung. Die fördern ihren Nachwuchs einfach selber. Es gibt inzwischen in den Kellern der Parteizentralen geheime Versuchslabore, in denen der Nachwuchs gezüchtet wird. Da kreuzen die dann einen Aktenordner mit einem Megafon, reichern das Ganze an mit den DNAs von ausgewählten Publikumslieblingen und implantieren da, wo beim normalen Menschen das Gehirn sitzt, nur so einen dünne Faden. Schneiden Sie den durch, plöpp, fallen die Ohren ab.

Da kommt es natürlich auch immer mal wieder zu Rückschlägen und Fehlentwicklungen. Ich sag nur: Philipp Mißfelder, Dirk Niebel oder Ronald Pofalla.

Aber es gibt auch schon erste Erfolge, wie den Christian Lindner, den amtierenden Generalsekretär der FDP. Das ist der neue Prototyp des Liberalen. Der Mann ist nach allen Seiten offen, böse Zungen sagen auch, nicht ganz dicht, sieht aus wie ein Nebendarsteller aus »Gute Zeiten, schlechte Zeiten« und kann stundenlang reden wie ein Wasserfall, ohne ein Wort zu sagen.

Oder der Freiherr von und zu Guttenberg. Na, da ist den Spezialisten im CSU-Versuchslabor aber ein ganz großer Wurf gelungen. Ganz alter Adel komplett neu verschalt. Hart wie Leopard, flott wie Marder und gepanzert wie Dingo. Vielleicht die eine oder andere Lothar-Matthäus-DNA zu viel, aber im Gegensatz zu Lodda den ganzen Kopf voll Gehirn.

Ecke mal Kante durch Strom plus Linie hoch Dünkel zum Quadrat minus Wurzel aus AC/DC.

Von und zu Guttenberg, die absolute Formel 1 unter den deutschen Polit-Boliden, der Spitzenflitzer aus dem Windkanal, die Königsgurke unter den Gewächshausgeburten.

Aber jetzt mal ehrlich: Wollen wir das wirklich, den Politiker aus der Retorte? Seelenlose Polit-Roboter, die, wenn es sein muss, die Tränendrüse per Knopfdruck aktivieren: »Unsere Gedanken sind in dieser schweren Stunde vor allem bei den Familien und Angehörigen der Opfer.« Und dann wieder rein in die gepanzerte Limousine und schnell umprogrammieren aufs Blaskapellendirigieren im Bierzelt oder auf die Festrede zum 100-jährigen Bestehen der Karnevalsgesellschaft Fidele Blötschköpp.

Nein, das wollen wir doch alle nicht. Wir wollen Menschen aus Fleisch und Blut. Politiker zum Anfassen, auch wenn es feucht und glitschig wird.

Und deshalb: Wenn Sie das nächste Mal einen Politiker irgendwo frei rumlaufen sehen, dann gehen Sie mal ganz spontan auf ihn zu und nehmen Sie ihn einfach mal in den Arm. Diese Menschen brauchen Anerkennung, emotionale Zuwendung, um nicht zu sagen Liebe.

Allein im Ortsverein

Allein – im Ortsverein
Kein Schwein – tritt ein
Kommt einer rein
Dann will er raus
So sieht das aus
Im Ortsverein
Ich bleib allein

In der Kartei – stirbt die Partei
Kaum noch wer drin -Wo sind sie hin?
Da an der Wand
Hängt Willy Brandt
Seit Jahren rum
Ich frag: Warum? – Doch er bleibt stumm

Von Wahl zu Wahl
Durchs Jammertal
Der Saal bleibt leer
'S kommt keiner mehr
Auch beim Jour fix
Läuft wieder nix
Das Bier wird schal
Wie jedes Mal

Steh ausgebrannt
Am Infostand
Drück jede Hand
Red vor die Wand
Und gehst du raus
Von Haus zu Haus
Was willst denn du?
Lass mich in Ruh!
Die Tür schlägt zu
Allein
Im Ortsverein

Möchte jemand einen Luftballon?
Oder einen Flyer?
Oder ein Fähnchen?
Na dann ess ich sie eben selber

Zwischenfrage:
Was machen eigentlich
die Reichen?

Also bis vor kurzem, da haben sie auf jeden Fall noch gezittert. Aber nicht, weil ihnen kalt war – denn wenn so einem richtig Reichen kalt ist, dann kauft der sich eben ein Heizkraftwerk oder lässt sich von seinem Chauffeur mal schnell dahin kutschieren, wo es schön warm ist. Nein, gezittert haben die Reichen, weil sie Angst hatten: Angst um ihren mühsam hinterzogenen Reichtum.

Das muss aber auch ein gewaltiger Schock gewesen sein. Da sitzt so ein stinknormaler Stinkreicher beim Frühstück, und während er sich gerade von einem seiner Sklaven ein wenig Zucker in den Hintern blasen lässt, liest er plötzlich in der Zeitung, dass die Staatsanwaltschaft im Zuge der Ermittlungen gegen mehr als tausend Reiche weit über hundert Razzien plant. Und dann klingelt's plötzlich an der Tür.

Ja da hört der arme Mann doch schon die Handschellen klicken und sieht vor seinem geistigen Auge Heerscharen von Steuerschnüfflern in seinem Reichenheim rumschnüffeln.

Gut, in den meisten Fällen war es dann doch nicht die Steuerfahndung, die da geklingelt hatte, sondern in der Regel stand der eigene Anwalt vor der Tür, um schon mal vorsorglich die Vordrucke für die Selbstanzeige vorbeizubringen. Denn das ist ja der einzige Ausweg, der so einem Steuersünder im Endeffekt bleibt. Den Ermittlungsbehörden zuvorzukommen und kurz vor der Einleitung eines Verfahrens schnell die Beichte abzulegen. Da wird die Höhe der Buße dann nicht vor Gericht, sondern im Beichtstuhl ausgekungelt, denn ein reuiger Sünder ist dem Herrn bekanntlich lieber als tausend Gerechte.

Oder anders ausgedrückt: Ein Reicher, der seine kriminellen Machenschaften beichtet, wird von den Steuerfahndern besser behandelt als tausend Arme, die ehrlich ihre Steuern zahlen.

Und genau an dieser Stelle kommt jetzt die Angela Merkel ins Spiel. Die hat nämlich in einer Videobotschaft folgende Ungeheuerlichkeit verkündet: Steuersünder müssen konsequent verfolgt werden! Und zwar ohne Ansehen der Person. Sagenhaft! Da haben wir Zweifler und Kleingläubigen immer gedacht, beim Ansehen der Person würde der Staat ab einer gewissen Einkommensgrenze schon mal das eine oder andere Auge zudrücken, und dann kommt Angela Merkel und belehrt uns eines Besseren. Zitat: »Es geht darum, das Steuerrecht einzuhalten, und dafür gibt es auch keine Ausnahmen.«

Und deshalb hier ein kleiner, ganz legaler Geldanlage-Tipp von mir: Sollten Sie zurzeit ein bisschen Kohle zu viel haben, dann investieren Sie sie in Baufirmen, und zwar in solche, die auf den Bau von Gefängnissen spezialisiert sind. Denn wenn es ab sofort keine entschuldigenden Ausnahmen mehr gibt, dann wird der Knastaufenthalt zur Regel. »Fiat Justitia et pereat mundus.« – »Es geschehe Recht und geht die Welt dabei zugrunde.« Oder anders ausgedrückt: Wer's glaubt, wird selig!

Männer von Geld

Jetzt mal ehrlich, das will doch eigentlich jeder von uns sein: ein reicher Mann. Genauso reich wie der Klaus Zumwinkel. Der Mann war schon reich, als er auf die Welt gekommen ist.

Aber weil es den Reichen eben niemals reicht, deshalb kannte der kleine Klaus von Anfang an nur ein Ziel, nämlich noch reicher zu werden als reich. Dazu brauchen Sie Energie. Kriminelle Energie!

Und die hat der Zumwinkel im Übermaß. Hat zumindest das Gericht festgestellt. Der Mann hat mit Vorsatz, das heißt bei glasklarem Verstand und im vollen Bewusstsein, die Gesetze gebrochen – und warum? Weil er Geld brauchte? Weil er unverschuldet in Not geraten war? Nein, weil er einfach den nimmersatten Hals nicht voll kriegen konnte.

Und trotzdem hat der nur zwei Jahre auf Bewährung bekommen. Weil er geständig war! Ich lach mich kaputt! Da wird so ein Eierdieb mitten im Stall auf frischer Tat ertappt, hat die Taschen voll mit den geklauten Eiern und der Dotter läuft ihm aus dem Mund, aber weil er noch an Ort und Stelle ein Geständnis ablegt, kriegt er später vor Gericht strafmildernde Umstände. Das muss ich mir merken.

Wenn ich das nächste Mal mit meinem Auto von der Polizei wegen Geschwindigkeitsübertretung angehalten werde, dann sag ich nur: »Herr Wachtmeister, ich gestehe alles!« Und dann hat sich das mit den Punkten in Flensburg erledigt.

Aber wie steht es schon in der Bibel: Eher geht ein Kamel durchs Nadelöhr, als dass ein Reicher seine gerechte Strafe bekommt. Denn der holt sich einfach ein paar schlaue Zumwinkel-Advokaten und die verschleppen das Verfahren solange, bis der größte Teil der Straftaten verjährt ist, und für den Rest machen sie dann mit der Staatsanwaltschaft einen Deal.

Da kann sich der Angeklagte noch vor der Urteilsverkündung ein Flugticket an die Côte d'Azur buchen, wo er sich von den Strapazen des Prozesses erholen kann. Aber vorher macht er noch eine Pressekonferenz und beklagt sich lauthals über die »öffentliche Hinrichtung«.

Oh, entschuldigen Sie vielmals, Herr Zumwinkel. Wie konnten wir nur glauben, es ginge die Öffentlichkeit irgendetwas an, wenn sich ein Spitzenmanager schamlos und illegal bereichert. Das kommt gewiss nicht wieder vor. In Zukunft schauen wir einfach nicht mehr hin, und wir halten uns auch die Nasen zu. Damit wir nicht mitbekommen, wenn wieder einmal etwas derart zum Himmel stinkt.

Zum Beispiel auch beim Betreten einer deutschen Bank. Einfach die Nase zuhalten. Ich hab mich schon immer gefragt: »Mensch, was ist das für ein Mief in diesen Geldinstituten?« Und jetzt weiß ich, es sind die Kredite, die da überall verfaulen. Die finden ja täglich neue. Egal welche Schublade, die aufmachen, egal in welches Schließfach die gucken, überall entdecken sie neue faule Kredite, von denen kein Mensch was wusste.

Die haben ja in den Banken seit Beginn der Kreditkrise überall diese Duftbäumchen aufgehängt und die Angestellten laufen mehrmals am Tag mit dem Frischluft-Spray durchs Gebäude, weil überall die Kredite vor sich hinfaulen.

Also: Nase zuhalten und durch! Und Sie, meine Damen und Herren, Sie brauchen sich sowieso keine Sorgen zu machen um

Ihr Geld. Ihre Spareinlagen sind sicher, weil im Totalinsolvenz-fall der Staat für diese 1600 Milliarden Euro aufkommt.

Hat zumindest die Merkel gesagt. Und neben ihr stand der Steinbrück und machte ein Gesicht, als würde ihm gerade eine Läusearmee über die Leber trampeln.

Denn der Steinbrück weiß genau, dass der Staat diese 1600 Milliarden zwar hat, allerdings als Miese auf dem Konto. Die könnten die Sparer allerhöchstens mit Sachleistungen entschä-digen. Da kriegen Sie dann als Altersvorsorge ein paar hundert Meter Straße. Und das ist dann am Ende auch nur eine Sack-gasse, und Sie können noch nicht einmal Maut erheben.

Nein, da geh ich doch lieber auf Nummer sicher. Und des-halb geh ich jetzt morgens erst immer mal zur Bank, und da lasse ich mir mein Geld zeigen. Da stehe ich kurz nach der Öffnung auf der Matte, und dann geh ich nicht eher wieder weg, bis mir der zuständige Schalterbeamte meine Spareinla-gen gezeigt hat. Und zwar in bar und in ganz kleinen Scheinen.

Vorige Woche habe ich darauf bestanden, dass die auf jeden einzelnen Schein meinen Namen schreiben. Wollten sie erst nicht. Na, da hab ich ihnen damit gedroht, dass ich mich drau-ßen vor die Eingangstür stelle, mit einem großen Schild, auf dem steht: »In dieser Bank gibt es kein Geld mehr.« Da ging das aber ruck, zuck mit der Beschriftung.

Da kann die Angela Merkel von nötigem Vertrauen fabu-lieren so viel, wie sie will – ich trau niemandem mehr. Und schon gar keinem Anlageberater. Denn das sind für mich die windigsten Hunde in dem ganzen Finanz-Trauerspiel. Diese frisch lackierten Jungspunde von der Anlageberatung, die auf die ganz große Karriere im Business hoffen und dafür ihre ahnungslosen Kunden nach Strich und Faden verscheißern.

Diese Milchbuben, die das ranzige Sauerbier als Nektar ver-kaufen, die mit ihrem verlogenen Kauderwelsch die einfachen

Menschen dazu bringen, ihre Ersparnisse in die Geldverbrennungsanlagen zu schmeißen, die den Kleinsparern das Blaue vom Himmel versprechen, um irgendwann selber in den Himmel der Chefetagen auffahren zu können.

Gegen diese selbstverliebten Schnösel ist jeder Zuhälter ein ehrbarer Mann.

Wenn es nach mir ginge, dann müssten all diese Jüngelchen ab sofort jeden Morgen von 9 bis 11 vor ihrer Bank in Reih und Glied antreten, und dann dürfte jeder geprellte Kleinanleger ihnen einmal kräftig den Arsch versohlen. Ich spreche da aus eigener Erfahrung.

Ich hatte vor ca. einem Jahr mal einen mittelgroßen Haufen Geld auf meinem Giro. Das war gar nicht mein Geld, sondern die Kohle gehörte dem Finanzamt, meinem Zahnarzt und meinem Geheimagenten. Auf jeden Fall lag das Geld da rum, und ich bekam jeden zweiten Tag einen Anruf von einem Mitarbeiter des Geldinstituts.

»Hören Sie mal, Sie haben da ein dickes Plus auf dem Giro, und das können Sie doch unmöglich einfach so liegen lassen, und da kann man doch was machen, und kommen Sie doch mal ganz unverbindlich vorbei.«

Tja, und was mach ich Doof? Als hätte ich nichts Besseres mit meiner freien Zeit zu tun, geh ich dahin.

»Ah, da sind Sie ja, herzlich willkommen, kommen Sie rein, wollen Sie einen Kaffee?«

Und dann saß ich da in so einem kleinen fensterlosen Raum, vor mir 'ne Tasse lauwarmen Kaffee und drei vertrocknete Kekse, und dann kam er. Mein persönlicher Berater. Nennen wir ihn: Hans Wurst. Irgendetwas Undefinierbares zwischen 25 und 30, der dunkelblaue Hugo-Boss-Anzug eine Nummer zu groß, die Armbanduhr eine Nummer zu golden, und die frisch gegelte Frisur eine Nummer für sich. Kommt reingeglitscht, schmeißt sich in den Ledersessel mir gegenüber und klappt erst einmal seinen Hochglanzschnellhefter auf. Schnippt zwei-, dreimal auf seinem silbernen Kugelschreiber rum, fixiert mich mit diesem Du-gehörst-mir-Blick, und dann legt er los.

»Also ich habe da einen bombensicheren Insider-Tipp. Da gibt es diesen neuen renditestarken Fonds-Selection-Service, da kriegen Sie über Intraday-Trading weltweite Order-Infos mit allen Fundamental- und Clipchart-Analysen und zwar unter Umgehung sämtlicher Wertpapier-Prospekt-Verkaufs-gesetze und mit direktem Zugriff auf alle frisch emittierten Call-Optionsscheine von internationalen Kurzläufern im asia-tischen Raum. Da brauche ich nur eine Unterschrift hier unten und den Rest erledige ich für Sie.«

Und dann hält er mir seinen Silberling unter die Nase und guckt mich an wie ein Huhn, das gerade ein paar goldene Eier gelegt hat. Und ich war so hypnotisiert, dass ich fast unter-schrieben hätte, wenn – ja wenn der Typ nicht so scheiße aus-gesehen hätte.

Und genau da sehe ich eine Konsequenz aus dem großen Bankencrash. Es müsste ab sofort für alle Anlageberater eine verbindliche Kleiderordnung geben. Sagen wir zweifarbigen Jogginganzug, weiße Tennissocken in Adiletten und wenn Brille, dann nur Kassengestell aus den Sechzigern. Außer-dem Goldkettchen, Pottschnitt und natürlich unrasiert. Ich bin mir ganz sicher, die potentiellen Kunden würden sich dreimal überlegen, ob sie so einer Witzfigur auch nur einen Cent ihres Ersparten anvertrauen würden. Außerdem müss-ten vor jeder Bank große Schilder aufgestellt werden: »Der Besuch dieser Bank kann für Ihr Erspartes tödlich sein!« – »Zu Risiken und Nebenwirkungen fragen Sie Ihre Verbrau-cherzentrale!«

Und im Inneren der Bank überall so kleine Hinweistafeln: »Schuster, bleib bei deinen Leisten!« – »Wer den Hals nicht voll kriegt, erstickt irgendwann!« oder »Geld stinkt doch!«

Und über den Beratungsschaltern ein riesiges Transparent mit den Worten Papst Benedikts: »Wer sein Leben auf Geld baut, der hat auf Sand gebaut!« Gut, jetzt hat der Benedetto den Sand quasi noch in den Augen, möchte nicht wissen, wie tief die vatikanischen Finanzen in dem ganzen Schlamassel drinhängen, aber der Spruch ist trotzdem nicht schlecht.

Aber wahrscheinlich würde das alles gar nichts nützen. Denn bei Geld, da hört ja scheinbar alles auf: die Freundschaft, der Glaube und vor allem der gesunde Menschenverstand.

Wenn die Menschen erst einmal die Dollarzeichen auf den Augen haben, dann sehen sie nichts anders mehr außer Rendite, Profit und Extraprofit.

Wir leben nun einmal in einer Gesellschaft, in der das Pokern zum Volkssport geworden ist. Und wer nicht verlieren kann, der sollte sich auch nicht mit den Zockern an einen Spieltisch setzen.

Was mich allerdings maßlos aufregt, das ist, wenn ich höre, wie viele Menschen über diesen Tisch gezogen worden sind, die gehofft hatten, ihre kleine Altersvorsorge ein wenig aufzupeppen. Die mit den mühsam zusammengesparten Fünf-, Zehn- oder Zwanzigtausend, die jetzt vor dem Nichts stehen. Die hilflos mit ansehen müssen, wie der Staat denen, die ihr bisschen Geld verblasen haben, die Steuermilliarden im dreistelligen Bereich in den nimmersatten Rachen schaufelt.

So ein Kleinsparer, der steht eben nicht auf der Adressenliste der staatlichen Rettungspaketzusteller. Ganz im Gegenteil. Der bezahlt die Pakete auch noch mit seinen Steuergeldern.

Zwischenfrage:
Was müssen Sie und ich tun,
um die lahmende Konjunktur
wenigstens ein bisschen wieder in
Schwung zu bringen?

Nun, wenn man den Aussagen der dafür zuständigen Politiker
und Wirtschaftsexperten glaubt, dann müssen wir vor allem
eins tun: Wir müssen kurbeln! Um genauer zu sein: ankurbeln.

Jetzt gibt es da zurzeit ja durchaus kontroverse Auffassungen
darüber, wie und wo und wann und vor allem womit gekurbelt
werden soll, aber eins steht fest: Die ganze Karre schliddert
ungebremst in Richtung Totalschaden, wenn überhaupt nicht
gekurbelt wird.

Wobei ich persönlich beim Kurbeln immer an mein erstes
Auto denken muss. Ein Citroën 2CV, bis heute bekannt unter
dem Kosenamen »Ente«. Baujahr anno dunnemals, Minimum
200 000 gelaufen und für 150 Mark plus einem Kasten Bier er-
worben von einem Angehörigen eines längst ausgestorbenen
Berufszweigs: einem Entenschrauber.

Und wenn ein Auto dieser Welt jemals die Bezeichnung
»Schrottmöhre« verdient hat, dann war es diese Dünnblech-
büchse. Die Karosserie zerfressen von Rost, der Motor eine Art
Gesamtkunstwerk aus gebrauchten Ersatzteilen, und die ent-
scheidende Frage vor jedem Fahrtantritt war: Springt sie an,
oder springt sie nicht an?

Erst ein Stoßgebet an den heiligen Christophorus, gleichzeitig den Choke bis zum Anschlag und dann orgeln, orgeln, orgeln. Und wenn es sich irgendwann ausgeorgelt hatte, raus in
den strömenden Regen und kurbeln, bis sich der bockige Motor

irgendwann geschlagen gab und widerwillig stotternd endlich in Schwung kam.

Wie gesagt: Dieser Alptraum von einem Katastrophen-Vehikel fällt mir ein, wenn ich heute all die Expertenvorschläge zur Konjunktur-Motor-Belebung höre. Einkaufsgutscheine, Steuersenkung, Finanzspritzen, Verschrottungsprämien, Rettungsschirme, Investitionen, Subventionen – da versammeln sich die diversen Konjunktur-Schrauber um die lahmende Wirtschaftsente und jeder schwenkt eine andere Kurbel, mit der die Karre angeblich wieder in Fahrt kommt.

Wobei in Wahrheit alle wissen, dass es sich bei dieser Karre um ein hoffnungslos veraltetes Auslaufmodell handelt, das eigentlich nur noch eins produziert: nämlich unübersehbare Kosten. Diese ganze absurde Geschichte vom ewigen Wirtschaftswachstum ohne Grenzen ist genauso verlogen wie destruktiv.

Ich weiß ja nicht, in welchem Stau Sie immer wieder stehen, aber haben Sie wirklich das Gefühl, es gäbe zu wenig Autos? Oder stellen Sie sich mal aus Quatsch an einem der nächsten Samstage vor die Einfahrt eines innerstädtischen Parkhauses. Ja, da sehen Sie doch auf den ersten Blick, dass es so auf jeden Fall nicht weitergeht. Und zwar im wahrsten Sinne des Wortes.

Da heißt es, wir müssen kaufen, kaufen und noch mehr kaufen, weil wir damit die Wirtschaft angeblich ankurbeln.

Ich sage Ihnen, was dabei herauskommt, wenn man nicht irgendwann mit der Kurbelei aufhört: Man dreht völlig durch.

Apropos: Bei meiner alten Ente hat das genau dreimal was genützt, das Ankurbeln. Beim dritten Mal ist sie zwar angesprungen, und sie ist sogar gefahren. Aber leider nur noch vier Kilometer. Dann ist sie endgültig verreckt: Getriebeschaden!

Und damit wären wir wieder beim Staat und der ungeschminkten Wahrheit: Der Staat ist pleite, geputzt, um nicht zu sagen: finanziell völlig am Arsch.

Und deshalb lautet das Gebot der Stunde: Die Schulden müssen weg, oder anders herum: Der Staat braucht Geld. Also raus mit dem Tafelsilber und ran ans Eingemachte. Der große Ausverkauf des deutschen Sozialstaats hat ab sofort begonnen.

Alles muss raus!

Zum ersten und zum zweiten
Und zum allerletzten Mal
Begrüße ich Sie hier
Zum großen Schlussverkauf total.
Hier wird komplett geräumt,
Denn der Laden ist bankrott.
Was heute hier nicht weggeht,
Das kommt morgen auf den Schrott.

Zum Ersten und zum Zweiten
Und zum Dritten ist's vorbei.
Dann ist endgültig Schluss
Mit der Selbstbedienerei.
Hier hat man die Bilanzen
Viel zu lange ignoriert,
Und das hat diesen Laden
Auf die Dauer ruiniert.

Schade, schade, schade,
Doch der Markt kennt keine Gnade.
Wie heißt es so schön:
Der Krug geht solange zum Brunnen,
Bis der Brunnen leer ist.
Und genauso sieht das eben aus:

Wo nichts mehr drin ist, da
Holt auch keiner mehr was raus.

Denn das ist doch im Großen und im Ganzen
Das Hauptproblem mit den Bilanzen.
Man kann sie manipulieren,
Man kann sie schönfrisieren,
Man kann sie auch einfach nur ignorieren.
Doch auf die Dauer geht das nich,
Denn abgerechnet wird stets unterm Strich.
So ist das eben im Wirtschaftsleben.
Ist der Wirt sein bester Kunde,
Gibt's schon bald die letzte Runde.
Der Wirt steht auf dem Schlauch,
Und seine Kundschaft auch.
Wer konsumiert
Und nicht bilanziert,
Kriegt irgendwann die Rechnung präsentiert.

Dann kommt erst die erste Mahnung.
Dann kommt die zweite Mahnung.
Und als letzte Warnung
Kommt dann die dritte Mahnung.

Und wird dann die Zahlung verweigert,
Wird auf der Stelle zwangsversteigert.
Und dann ruft es schon sehr bald:
»Kuckuck! Kuckuck!« aus dem Wald.

Und was für den kleinen Baumbestand des Einzelnen gilt, das gilt natürlich auch für den großen Wald der Allgemeinheit.

Da heißt es jahrzehntelang, zu nehmen sei seliger als zu geben, und dann hat es sich irgendwann »ausgegeben«, und dann geht es ans Eingemachte.

Und deshalb begrüße ich Sie hier heute zur großen öffentlichen Haushaltsauflösung des bundesdeutschen Sozialstaats. Hier kommt alles unter den Hammer, was nicht niet- und nagelfest ist.

Vom Wohnberechtigungsschein bis zum Schwerbehindertenausweis, von der hochsubventionierten Staatsoperkarte bis zum ermäßigten Schülerausweis für den Nahverkehr, von der innerbetrieblichen Zusatzrente bis zur staatlich geförderten Lebensversicherung – eine Allianz fürs Leben, fürs Leben nach der Entlassung.

Wie wäre es mit einem städtischen Wasserwerk inklusive der dazugehörenden Riesenkläranlage? Da machen sie aus Scheiße Gold.

Oder Sie kaufen sich das Kamener Kreuz. Und wenn Ihnen mal langweilig ist, dann verfügen Sie am Freitagnachmittag ab 15 Uhr ganz spontan eine Vollsperrung, schalten zuhause das Radio ein und hören die Verkehrsnachrichten. Alle Räder stehen still, wenn's der Kreuz-Besitzer will.

Ist Ihnen eine Nummer zu groß?

Na, dann nehmen Sie doch eine kleine verkehrsberuhigte Sackgasse mit direktem Zugriff auf alle Anwohner-Parkplätze.

Aber das sagen Sie natürlich keinem, sondern schalten direkt eine Hotline zu einem befreundeten Abschleppunternehmer.

Oder Sie kaufen die Straßenbahnlinie 16 vom Hauptbahnhof zum Friedhof – gerade in Zeiten zunehmender Terroranschläge eine sichere Zukunftsinvestition.

Ach, Sie wollen was Besonderes? So was leicht Verruchtes mit dem freien Blick nach ganz unten? Na, da hätte ich hier eine gut florierende Fixerstube mit Methadonprogramm.

Oder für den männlichen Single auf Partnersuche eine Beratungsstelle für alleinerziehende Mütter.

Oder, auch sehr schön: Ein garantiert asbestverseuchtes Altenwohnheim – da machen Sie dann einen Aufnahmestopp, warten ein paar Jahre, bis das Heim ausgestorben ist, dann wird komplett saniert und anschließend privatisiert.

Denn das ist das Gebot der Stunde: Privatisieren statt investieren. Und deshalb kommt hier alles, aber auch restlos alles unter den Hammer:

Vom städtischen Freibad bis zur öffentlichen Grünanlage,

vom Krankentransporter bis zur Kehrmaschine,

von der Leihbücherei bis zur Suppenküche.

Und wenn Sie jetzt noch zögern sollten, dann denken Sie daran: Der Russe schläft nicht, und der Chinese steht auch schon hellwach vor der Tür.

Und eh man sich versieht, hat Gazprom den Reichstag gekauft, und das Blandenbulgel Tol steht plötzlich auf dem Platz des himmlischen Friedens. Also greifen Sie zu, so lang das Angebot noch steht.

Ach, Sie sind Gewerkschaftsmitglied, na, da hab ich was für Sie. Exklusiv für den Spitzenfunktionär: ein One-Way-Ticket an die Copacabana all-inclusive: 24-Stunden-Schlemmer-Büffet, Schampus bis zum Abwinken und natürlich die goldene Dauerkarte für den ortsansässigen Exotenpuff. Außerdem haben Sie freien Zugang zu allen VW-Golf-Anlagen.

Und für das gewöhnliche Mitglied: den allerletzten Flächentarifvertrag im repräsentativen Goldrahmen mit persönlicher Widmung von Theo Sommer, Berthold Huber und Frank Bsirske, auch erhältlich in der von Hand geschredderten Ausgabe im dekorativen Mini-Altpapiercontainer.

Außerdem verschiedene Jux-Aufkleber mit so lustigen Sprüchen wie: »Sonntags gehört Papi dem Bier.« – »35 Stunden –

mehr Freizeit brauch kein Mensch.« oder »Hände weg vom Kündigungsschutz!«

Und apropos Kündigungsschutz, den gibt es natürlich auch und zwar wahlweise zweilagig in der Wisch- und Weg-Version, oder als Feuchtpapier für den gewöhnlichen Arbeitnehmerhintern.

Zum Ersten und zum Zweiten,
Wer legt noch einen drauf?
Wer langt hier noch mal richtig hin
Beim großen Ausverkauf?

Zum Ersten und zum Zweiten,
Die Zeit wird langsam knapp.
Wer hat noch nicht, wer will noch mal?
Wer räumt hier richtig ab?

Denn zum Ersten und zum Zweiten
Und zum Dritten ist dann Schicht.
Wer bis dahin noch nichts hat,
Der bekommt's danach auch nicht.

Zum ersten und zum zweiten
Und zum allerletzten Mal,
Hier gibt's den ganzen Ramsch –
Sie ham die freie Wahl.

Was höre ich da? Sie machen sich nichts aus materiellen Dingen? Was Sie wollen, sind höhere Werte?

Ja, werte Kundschaft, warum sagen Sie das nicht gleich?

Wenn wir hier etwas im Angebot haben, dann sind das Werte. Was darf's denn sein?

Freiheit, Gleichheit, Brüderlichkeit?

Oder wie der Franzose sagen würde: »Farternite, Libididee, Elitetee!«

Werte haben wir reichlich. Alte, neue, schwarze, rote – alles da, alles klar.

Oder wie wäre es mit einem ewigen Wert?

Kriegen Sie übrigens auch im Kanon!

Oder im Kontext oder ganz frisch aus der Diskussion.

Solidarität, Integrität, Abgeordnetendiät.

Haha, kleiner Scherz am Rande, 'ne Abgeordnetendiät ist natürlich kein Wert, das ist eher eine Wertanlage!

Oder Nächstenliebe, ist auch ein schöner Wert.

Liebe deinen Nächsten wie dich selbst! Super! Damit können Sie im Varietee auftreten, als dummer August, und zwar als saudummer August. Handstand mit Anstand.

Und wo wir gerade bei den Dummen sind: Wie wär es denn mit Ehrlichkeit? Da haben Sie ziemlich lange was von, denn wie heißt es so schön: Ehrlich währt am längsten!

Na, das ist es doch: Nächstenliebe, Ehrlichkeit und Anstand, und dann die große abendländische Werte-Jonglage. Mit verbundenen Augen.

Und wo Sie auch hingreifen, Sie greifen ins Leere.

Ja, das ist die gute, schöne Ware. Entschuldigung, ich meine natürlich das Gute, Schöne, Wahre!

Was wahr ist, muss auch wahr bleiben: Schön und gut. Gut und Böse.

Böse und trotzdem das größere Auto.

Mit den Werten ist es wie mit dem Stiefelsaufen, dem Synchronschwimmen oder dem Volksradfahren. Werte sind in der Gemeinschaft am schönsten, in der Wertegemeinschaft!

Werte Gemeinschaft, wir haben uns heute hier versammelt, um eine Wertegemeinschaft zu gründen, ich bitte um Vorschläge:

Christlich-sozial und nationalliberal?
Banal radikal und fundamental?
Total-klerikal und irrational?
Oder rein ökologisch
Und makrobiologisch?
Prinzipiell vegetarisch
Und konsequent arisch?
Von streng nihilistisch
Bis eng pietistisch,
Von eklatant tolerant
Bis militant ignorant,
Von freiheitlich-demokratisch
Bis orthodox undogmatisch.
Ob römisch-katholisch
Oder neuapostolisch,
Ob extrem esoterisch
Oder protestantisch hysterisch,
Ob öffentlich-rechtlich
Oder gleichgeschlechtlich.

Hier können Sie sich gar nicht im Wert vergreifen, denn das ist ja das Schöne an diesen Werten in der heutigen Zeit. Man kann sie im Zweifelsfall wechseln wie die Unterhosen. Morgens Buddhist, mittags Kapitalist, abends Antifaschist und nachts der Traum vom ewigen Leben im sozialistischen Paradies.

Was immer Sie auch träumen,
Hier wird es plötzlich wahr.
Die Hauptsache: Sie zahlen
Und am allerbesten bar.
Wir nehmen keine Karten,
Und wir nehm' auch keinen Scheck,
Denn dass am Ende Bargeld lacht,
Das ist hier Sinn und Zweck.

Die Kasse steht am Ausgang,
'Ne Quittung gibt es nicht.
Der Umtausch ausgeschlossen,
Denn der Laden bleibt ja dicht.
Bevor Sie dann verschwinden,
Noch ein allerletzter Blick,
Denn alles, was Sie sehen,
Das kommt niemals mehr zurück.

Zum Ersten und zum Zweiten:
Jetzt hat sich's ausgeträumt.
Jetzt ist die Bude radikal
Und komplett ausgeräumt.
Zum Ersten und zum Zweiten,
Der Rest kommt auf den Müll,
Dann kommt der Müllverwerter,
Und der nimmt sich, was er will.
Zum Ersten und zum Zweiten –
Der letzte Hammer fällt.
Genauso hat man sich
Die ganze Sache vorgestellt.
Was kostet, wird verscheuert
Und reprivatisiert,

So hat der Staat sich schließlich
Einfach selber wegsaniert.

Zwischenfrage:
Wer ist eigentlich die mit Abstand
allergrößte Nervensäge unter all
den Nervensägen, die hierzulande
penetrant an den Nerven ihrer
Mitmenschen herumsägen?

Klar, da kämen so einige in Frage: von Guido Westerwelle über
Lothar Matthäus bis hin zu Peter Hahne, aber sie alle haben in
Wahrheit keine Chance gegen den Mann, der wie kein zweiter
die Kunst beherrscht, den Leuten so richtig auf den Senkel zu
gehen. Sie wissen, ich spreche von Thilo Sarrazin, man nennt
ihn auch das Sarrazinen-Schwert des christlichen Abendlandes.

Und der hat anscheinend, seit er bei der Bundesbank in die
völlig unbedeutende Abteilung für Risiko-Controlling und Re-
vision abgeschoben wurde, ein Problem mit dem Selbstwertge-
fühl. Der ist einfach intellektuell unterfordert.

Schließlich gehört der Thilo zu den ganz großen Denkern
dieses Landes. Und was macht so ein Denker, wenn er nichts
Richtiges zu tun hat? Na, er dichtet bzw. er schreibt ein Buch.
Das steht ab heute in allen Buchhandlungen und ist – wie es
sich für so eine Krawallschachtel wie den Sarrazin gehört – eine
Schwarte, die so richtig kracht.

Titel: »Deutschland schafft sich ab«. Dä, wer hätte das gedacht? Ich hatte ja schon immer so ein komisches Gefühl, was
Deutschland anbetrifft. Aber dass dieses Deutschland gerade
dabei ist, sich quasi selbst aus den Geschichtsbüchern der Zukunft zu tilgen, das hat mich doch einigermaßen überrascht.

Da muss erst so ein Geistesgigant wie der Sarrazin kommen
und all das sagen, was keiner sagt, obwohl es alle sagen würden, wenn sie sagen könnten, was sie sagen wollten, was sie aber

nicht sagen dürfen, weil sie dann gleich in eine bestimmte Ecke gestellt werden, also all das, was man sagen sollte, wenn man sagen wollte, was endlich einmal gesagt werden muss und was in Deutschland ja wohl noch gesagt werden darf.

Da haben wir Deutschen nämlich ein Riesenproblem: die Fertilität der Autochthonen, oder wie es der kleinere Geist formulieren würde: die Fruchtbarkeit der Eingeborenen.

Um die ist es nämlich derart erbärmlich bestellt, dass schon in den nächsten drei bis vier Generationen die Zahl der Deutschen auf lausige 20 Millionen schrumpft. Gleichzeitig aber steigt die Zahl der hyperfertilen Muslime hierzulande auf 35 Millionen. Das heißt, spätestens im Jahr 2100 kommt es zur Ausrufung des Kalifats Dütschlünd, und die Restautochthonen werden in den Eingeborenen-Reservaten früher oder später ganz aussterben. Und das, obwohl sie doch so schlau sind. Denn auch das hat der Sarrazin rausgefunden. Dass der Anteil der Doofen vor allem bei den zugewanderten Muslimen deutlich höher ist als bei den deutschen Ureinwohnern. Die richtig deutschen sind nämlich von Haus aus intelligent, weil Intelligenz vererbt wird. Und dass bei den Muslimen da in der Regel nicht viel zu vererben ist, sieht man ja schon daran, dass sie so unwahrscheinlich fruchtbar sind. Sie wissen ja, was man von den Dummen in der Beziehung so sagt.

Aber was können wir jetzt tun, um die Abschaffung Deutschlands zu verhindern? Na auf jeden Fall: Lassen Sie die Finger von diesem doofen Buch. Statt abends im Bett irgendwelche überflüssigen Bücher wie das von dem Sarrazin zu lesen, sollten Sie besser ein paar Fertilitätsübungen machen. Denn wie Thilo sagen würde: Deutschlands Zukunft darf man nicht verhüten!

Aber darf man das in Deutschland so sagen? Sehr brisante Frage!

72

Brisant vor allem deshalb, weil sie beinhaltet, dass es in Deutschland immer mehr Meinungen gibt, die so verboten sind, dass man sie – wenn überhaupt – nur hinter vorgehaltener Hand sagen darf, und dass es deshalb um die grundgesetzlich garantierte Meinungsfreiheit hierzulande mehr als schlecht bestellt ist.

Genau das behauptete die Bildzeitung im Oktober 2010 auf der Titelseite und erklärte sich gleichzeitig selbst zur publizistischen Speerspitze im Kampf gegen Sprech- und Denkverbote aller Art. Bild kämpft für die Meinungsfreiheit!

Und deshalb veröffentlichte sie ebenfalls auf der Titelseite gleich ein Dutzend von den Sätzen, die so hart sind und so unbequem, dass diejenigen, die diese Sätze sagen, öffentlich niedergemacht, ausgebuht und abgesägt werden. Jeder Satz ein Brandsatz.

Das ging von den Kinderschändern, die für immer weggesperrt gehören, über die Ausländer, die sich nicht an unsere Gesetze halten und deshalb hier nichts zu suchen haben, bis hin zu dem Deutschen, der es leid ist, sich dafür zu entschuldigen, ein Deutscher zu sein.

Und wo die unerschrockenen Kämpfer für die Meinungsfreiheit schon einmal dabei waren, kam auch noch der Satz von den Schwulen, die unsere Kultur dominieren, und – Zitat – dass »man sich als Hetero schon ganz unkultiviert vorkommt«. Und natürlich durften auch die Frauen mit den Kopftüchern nicht fehlen, neben denen sich die deutsche Frau wohl wie eine Schlampe fühlen soll.

Abgerundet wurde dieser mutige Akt der Meinungsbefreiung durch den weltberühmten Publizisten Henryk M. Broder, der sich dazu äußerte, dass Thilo Sarrazin den Michel Friedman ein Arschloch genannt hatte. Broder wörtlich: »Das ist nicht nett und überhaupt nicht hilfreich. Und außerdem stimmt es nicht.

Friedman ist ein selbstverliebtes Riesenarschloch. So, das musste mal gesagt werden.«

Und deshalb stand es in der Bildzeitung, die sich damit übrigens eindrucksvoll selbst widerlegt. Es gibt in diesem Land
wirklich einen großen Haufen ungelöster Probleme und him-
melschreiender Missstände, aber wer allen Ernstes behauptet,
es gäbe in Deutschland irgendetwas, was nicht gesagt werden
darf, der muss schon einen ziemlichen Gehörschaden haben.
Und überhaupt: Nicht alles, was gesagt werden könnte, muss
auch gesagt werden. Manchmal wäre es besser, einfach den
Sabbel zu halten. Und das wird man ja wohl noch sagen dürfen!

No-go-Areas

Eines der Hauptprobleme der bröckelnden Gemeinschaft ist ja, dass kein Mensch mehr wählen gehen will. Wobei ich die von Wahl zu Wahl mehr werdenden Nichtwähler ja noch verstehen kann. Ich mein, wenn ich im Restaurant auf der Speisekarte nichts finde, was mir schmeckt, dann geh ich eben nicht mehr hin. Was nützt mir das kleinere Übel, wenn ich hinterher doch das Kotzen kriege.

Was ich allerdings gar nicht verstehen kann, das ist, wenn die Leute plötzlich, wie vor allem im Osten Deutschlands immer mal wieder üblich, rechtsradikal wählen. Angeblich aus Protest. Das ist im Restaurant, als würden Sie aus Protest gegen das Angebot auf der Karte auf der Toilette verschwinden und aus der Kloschüssel fressen.

Apropos: Was haben die folgenden Orte gemeinsam: Postlow, Bargischow, Kosenow, Blesewitz, Ziethen und Garz? Und wenn Sie jetzt sagen: »Die liegen bestimmt irgendwo weit hinterm Mond«, dann haben Sie schon mal Recht, denn diese Orte liegen alle in Ostvorpommern.

Und außerdem hat in all diesen Orten die NPD bei den letzten Landtagswahlen im Schnitt 30 Prozent geholt. 30 Prozent! Das heißt, fast jeder Dritte hat in Postlow, Bargischow, Kosenow, Blesewitz, Ziethen und Garz eine Partei gewählt, die zu dem Dümmsten und Erbärmlichsten zählt, was die deutsche

Parteienlandschaft nach '45 hervorgesumpft hat. Eine Abfall-sammelstelle als Volkspartei!

Jetzt werden Sie sagen: »Ja mein Gott, was in Postlow, Bargischow, Kosenow, Blesewitz, Ziethen und Garz passiert, das interessiert doch keinen Menschen.« – Und genau das ist das Problem. Da lässt man ganze Regionen in Ostdeutschland wirtschaftlich und kulturell auf den Hund kommen und wundert sich, wenn da die braunen Tölen das Kläffen anfangen.

20 Prozent der Erstwähler in Mecklenburg-Vorpommern haben NPD gewählt und dafür gesorgt, dass so ein Granaten-Schwachkopf wie dieser Udo Pastörs, der jetzige Fraktionsvorsitzende der NPD in Mecklenburg-Vorpommern, die ohnehin dicke Luft im Schweriner Landtag verpestet.

Udo Pastörs, wenn das der Führer wüsste! Ehrlich, Adolf Hitler würde sich im Grabe rumdrehen, wenn er wüsste, was für Flachpfeifen in seinen Stiefelspuren rumtrampeln. Haben Sie das im Fernsehen gesehen? Wie der Pastörs sich bei seinen Kameraden bedankt hat? Und wie er dann anfing: »Bedanken möchte ich mich auch bei all unseren Kameradinnen.«

Und ich denk, was kommt jetzt? »Für ihren heldenhaften Einsatz an der Heimatfront«? Aber nix da! Was kam? »Bedanken für all die Apfelkuchen, die sie für unsere Infostände gebacken haben, und vor allem dafür, dass sie unseren Kameraden so vorbildlich die Hemden gebügelt haben.« Hat er wirklich gesagt. Da weiß man auch, wo die Eva Herman ihr Buch verkauft hat. Mensch, was müssen diese Leute frustriert sein, wenn sie so einem Dummbaddel ihre Stimme geben.

Oder, anders herum: Was müssen die sogenannten etablierten Parteien für ein erbärmliches Bild abgegeben haben, wenn ihnen so ein politischer Trümmerhaufen wie die NPD die Wähler abspenstig machen kann. Aber das Schlimme ist ja: Die etablierten Parteien haben in Wahrheit gar kein Bild abgegeben, sie haben sich einfach verpisst! Und auf den Feldern, die dann frei werden, da ackern dann eben der Udo und seine frisch gebügelten Kameraden.

Aufgefallen sind diese Kameraden ja besonders vor der Fußball-WM, als die Welt bekanntlich zu Gast war bei Freunden und im Vorfeld die Frage diskutiert wurde, wie die Welt denn hinterher auch wieder heil nach Hause käme.

In dem Zusammenhang hatte das Bundesinnenministerium eine Deutschland-Karte herausgegeben, aus der eindeutig zu ersehen war, in welchen Gegenden die Gäste sicher sein konnten und in welchen eher nicht.

Die einzigen Gegenden, in denen die Gäste wirklich absolut sicher sein konnten, waren eine unbewohnte Gegend in der Lüneburger Heide, ein schwer zugängliches Terrain im Bayrischen Wald und ein hermetisch abgeriegeltes, stillgelegtes Freibad am Niederrhein. Den Rest bezeichnete man als No-go-Area.

Und kaum war dieser Begriff gefallen, da ging auch schon das Geschrei los. Der Schäuble meinte sofort, so etwas gäbe es in Deutschland nicht, weil es so etwas gar nicht geben dürfte, woraufhin der Platzeck meinte, es gäbe so etwas zwar, aber man dürfe es nicht öffentlich sagen, und der Beckstein schließlich meinte, wenn es so etwas dann gäbe, dann gäbe es das in Bayern auf jeden Fall nicht – kurzum: Das Meinungschaos war wieder einmal groß.

Und deshalb wollen wir uns hier jetzt einmal ganz sachlich mit dem Thema beschäftigen: Der Begriff »No-go-Area« kommt aus dem angelsächsischen Sprachraum und muss deshalb erst einmal übersetzt werden. »Area« heißt auf Deutsch »Gebiet«, und eine »No-go-Area« ist dementsprechend das Gebiet, in dem die sogenannten »No-Gos« leben.

Die No-Gos sind zwar alt wie die Dummheit, werden aber dennoch als Neo-No-Gos bezeichnet. Der gewöhnliche Neo-

No-Go ist stolz, ein Deutscher zu sein, wobei man zur Ehren-rettung der Deutschen sagen muss, dass es sich beim typischen Neo-No-Go in der Regel eher um den Prototyp des potthäss-lichen Deutschen handelt.

Der hundsgemeine Neo-No-Go ist feige und hinterhältig, und wenn er einzeln auftritt, entpuppt er sich als ziemlich er-bärmliches Würstchen.

Wenn der Neo-No-Go aus seinem braunen Sumpf auftaucht, dann tut er das nur im Rudel, wo er dann allerdings das Maul mächtig aufreißt. Wenn der Neo-No-Go rot sieht, sieht er schwarz, und wenn er schwarz sieht, sieht er rot und dann schlägt er zu. No-Go heißt übrigens »Nichts geht«, das heißt: Bei den Neo-No-Gos handelt es sich um Menschen, bei denen nichts geht, vor allem im Kopf. Sie sind für gewöhnlich doof wie drei Quadratmeter Laminat-Paneele, denn da, wo andere Leute ihr Gehirn haben, hat der Neo-No-Go nur so einen dünnen Faden im Schädel, und wenn man den durchschneidet, plöpp, fallen die Ohren ab.

Aber diese Leute sind ja angeblich gar nicht das Problem, ge-nauso wenig wie die von ihnen unterwanderte NPD, nein, das Problem sind die Wählerinnen und Wähler.

Der freundliche Faschist

Mein Nachbar ist ein freundlicher Faschist.
So nett und freundlich, dass man allzuschnell vergisst,
Was dieser harmlos nette Mann,
Der so freundlich tun kann,
Was der in Wirklichkeit für eine Drecksau ist.

In jedem Haus wohnt in der Wohnung nebenan
So ein Vertreter dieser Sorte »netter Mann«.
Der sich für alles und für jeden interessiert,
Der jedes Klingeln an der Haustür registriert,
Der selbst den Abfall kontrolliert,
Ob der auch wirklich gut sortiert,
Weil irgendeiner muss ja da sein,
Der im Haus für Ordnung sorgt.
Der in dieser kleinen Welt
Aug und Ohren offenhält,
Und dir, wenn's sein muss,
Selbstverständlich auch 'ne Tasse Zucker borgt.

Dann ist dein Nachbar halt ein freundlicher Faschist.
So nett und freundlich, dass du irgendwann vergisst,
Dass dieser harmlos nette Mann,
Der so freundlich tun kann,
Dass der in Wirklichkeit 'ne Riesen-Drecksau ist.

Er fällt nicht auf, er eckt nicht an und wird nicht laut,
Weil er sich das normalerweise gar nicht traut.
Erst spät am Abend nach der zehnten Runde Bier,
Dann wird er mutig und im Suff erzählt er dir,
Dass, wenn's nach ihm ging, dann wär Schluss,
Weil irgendwann mal Schluss sein muss.
Dass er sich wie ein Fremder fühlt
Und das in seinem eignen Haus.
Drum gibt's nur eins: Das ganze Pack
In einen einz'gen großen Sack
Und dann den Knüppel drauf,
Und das, was übrig bleibt, fliegt ruck, zuck raus.

Dann ist dein Nachbar halt ein freundlicher Faschist.
Doch pass bloß auf, dass du nicht irgendwann vergisst,
Dass dieser harmlos nette Mann,
Der so freundlich tun kann,
Dass der in Wirklichkeit 'ne Riesen-Drecksau ist.

Zwischenfrage:
Wer oder was ist eigentlich
ein Einzeltäter?

Nun, ein Einzeltäter kommt – wie der Name schon sagt – nur sehr vereinzelt vor, und wenn er überhaupt mal vorkommt, dann spricht man in der Regel von einem Einzelfall. Ein Einzeltäter kommt allerdings selten allein. Wie zum Beispiel damals in Potsdam, da kamen sie zu zweit. Und einer von den beiden hat einen deutschen Mitbürger ins Koma geschickt, indem er ihm mit einem einzigen Fausthieb den Schädelknochen zertrümmerte. Ein Einzelfall, wie er in Deutschland tagtäglich passiert.

Zum Problemfall wird dieser Einzelfall allerdings dadurch, dass es sich bei dem getroffenen Mitbürger um einen Menschen äthiopischer Herkunft handelte, kurzum: Der Mann war schwarz. Und da sehen einige Leute gleich rot bzw. braun.

Denn wenn sich herausstellen sollte, dass unsere Einzeltäter den Mann nur deshalb halbtot geschlagen haben, weil er die falsche Hautfarbe hatte, dann könnte sich eventuell der Verdacht aufdrängen, bei der Tat handele es sich um einen rassistisch motivierten Angriff mit fremdenfeindlichem oder gar rechtsradikalem Hintergrund. Und das kann ja eigentlich gar nicht sein, weil es so etwas in Potsdam genau wie im restlichen Brandenburg gar nicht gibt.

Das behauptete zumindest der brandenburgische Innenminister Schönbohm, einer der ganz großen Einzelfall-Theoretiker dieses Landes. Nur weil jemand einen Farbigen als »dreckigen Nigger« beschimpft, muss er doch noch kein Rassist sein. Gehen Sie mal in Brandenburg zu einem Regionalliga-Fußballspiel, da gehören solche Ausdrücke zum guten Ton.

Außerdem hat sich ja jetzt herausgestellt, dass das Opfer zum Tatzeitpunkt zwei Promille hatte. Also auch noch ein besoffener dreckiger Nigger. Ja, da muss man doch kein Rechtsradikaler sein, um so einem eins auf die Fresse zu geben.

Und schließlich hat sich der ganze Einzelfall ja im Osten Deutschlands abgespielt. Und die Menschen da haben ja diesen DDR-Defekt, der dafür verantwortlich ist, dass sie schon einmal leicht über die Stränge schlagen, wenn ihnen so ein Fremder völlig fremd daherkommt. Das sagt jedenfalls der Wolfgang Schäuble.

Und der hat ja dankenswerterweise auch darauf hingewiesen, dass – so der Innenminister wörtlich – »auch blonde, blauäugige Menschen Opfer von Gewalttaten werden, zum Teil sogar von Tätern, die möglicherweise nicht die deutsche Staatsangehörigkeit haben«. Na also, da haben wir es doch: Am Ende war das Ganze nur so eine Art putativer Notwehr.

Auf jeden Fall war es ein Einzelfall ohne jeden Hintergrund. Und das heißt: Wir können ihn zu den Akten legen. Zu den Akten mit all den anderen Einzelfällen. Und dann geht es nur noch darum, den politischen Schaden zu begrenzen und ja kein falsches Bild von Deutschland zu zeichnen. Und die Rechtsradikalen? Die bleiben da, wo sie sind. Im Hintergrund!

Ach übrigens: Kennen Sie den Unterschied zwischen einem sächsischen Rechtsradikalen und einem Türken? Der Türke hat Arbeit und spricht fließend deutsch.

Entschuldigung, blöder Witz. Das ist ja nun wirklich das Mindeste, was man erwarten kann. Dass der Türke in Deutschland am deutsch am Sprechen sein muss. Wir Deutschen sprechen nun mal deutsch! Wir sprechen ja sogar im Ausland deutsch.

Und deshalb ist es auch eines der schlimmsten Vergehen, das ein Türke in Deutschland begehen kann: Türkisch sprechen! Uaah! Türkisch! Parallelgesellschaftssprache! Muselmanen-Verzäll! Terroristen-Code!

Verrammelt die Tore! Bringt die Scharfschützen in Stellung! Haltet siedendes Öl und kochenden Teer bereit: Die Türken stehen vor Europa!

70 Millionen fanatische Terror-Türken strömen, ihre verschleierten Frauen vor sich her prügelnd, in die wehrlosen Metropolen des christlichen Abendlandes, hissen das giftgrüne Banner des heiligen Krieges auf den Trümmern des alten Europa, veranstalten gewaltige Zwangsbeschneidungsorgien. Und vor allem: Sie errichten Großmoscheen!

Da kriegt der gewöhnliche Abendländler schon das kulturelle Frack- und Muffensausen, wenn er nur das grässliche Wort hört: Großmoscheen!

Zum Beispiel bei uns in Köln. Da hat die rechtsradikale Wählergemeinschaft »Pro Köln« bei den letzten Kommunalwahlen aus dem Stand 4,3 Prozent geholt – und was war ihre Hauptforderung? Keine Großmoschee in unserer Nachbarschaft!

Und davor haben die guten Christenmenschen bekanntlich noch mehr Angst als vor einer forensischen Klinik mit angeschlossenem Asylantenheim. Es ist wirklich unglaublich.

Da tragen die gnadenlosen Teufelsaustreiber und bigotten Pfaffenanbeter jahrhundertelang ihren dogmatischen Glauben mit Feuer und Schwert bis in die hintersten Winkel dieser Welt, pflastern den ganzen Erdball mit ihren Missionsstationen und Protzkathedralen, Motto: »Und willst du nicht mein Glaubensbruder sein, dann schlag ich dir den Heidenschädel ein.«

Aber wehe, irgend so ein Andersgläubiger kommt auf die Idee, hier seine eigene Gebetshütte aufzumachen. Dann heißt es sofort: »Nix da! Erst baue mer denne 'ne Moschee und dann bombardiere die uns der Dom.«

Herr im Himmel! In Deutschland leben über drei Millionen Menschen muslimischen Glaubens. Kann sich überhaupt noch irgendeiner vorstellen, dass diese Leute nichts anderes wollen, als in aller Ruhe ihre religiösen Exerzitien durchzuexerzieren mit genau dem gleichen mystischen Schnickschnack und denselben archaischen Ritualen wie andere Religionsgemeinschaften auch? Und jetzt kommen Sie mir nicht mit den 3000 gewaltbereiten Terror-Islamisten und ihren behämmerten Hass-Predigern.

Was sind die deutschen Geheimdienste und Terrorverfolgungsbehörden eigentlich für Schlappnasen? Verfassungsschutz, Bundesnachrichten- und Militärischer Abschirmdienst kosten den Steuerzahler Milliarden und sind nicht in der Lage, 3000 selbsternannte Kalifen und Gernegroßmuftis unter Kontrolle zu kriegen?

Ja Chef, wir waren in der Moschee, aber wir haben kein Wort verstanden!

Aber darum geht es ja auch gar nicht. Wenn zum Beispiel die CDU/CSU den Türkei-Beitritt und die Islamisten-Nummer zum Wahlkampfthema gemacht hat, dann doch nur, weil ihr erstens nichts anderes einfällt, und zweitens, weil an ihrem rechten Rand die Neo-Nazis nagen.

»Tri-tra-trullala, die Leitkultur ist wieder da!«

Die multikulturelle Gesellschaft ist gescheitert. Und warum? »Weil wir einfach zu tolerant waren. Wir haben diese fremden Menschen doch nun wirklich mit offenen Armen empfangen. Wir haben, um uns mit diesen unterentwickelten Gebirgsvölkern und Hinterwaldstämmen zu verständigen ganz neue Begriffe in unsere gute alte deutsche Sprache aufgenommen.

Kanacken! Kajuffen! Paserlakken! Kameltreiber! Ziegenficker!

Wir haben ihnen die billigsten Wohnungen in den heruntergekommensten Stadtteilen überlassen, wir haben ihnen unseren Müll anvertraut und ihre Steuern kassiert – und was war der Dank?

Die Parallelgesellschaft.

Und weil sich Parallelen erst im Unendlichen treffen, also quasi nie, deshalb ist jetzt das Ende der Toleranz erreicht. Integrieren oder ausmarschieren.«

Aber was da an Kölner Stammtischen zusammenschwadroniert wird, das ist ja in der Regel gar nicht so gemeint.

Sie kennen diesen alten spiegelglatten Witz, wo der Hirsch durch den Wald geht und an einen See kommt? Und dann beugt er sich so runter zum Trinken, sieht sein Antlitz im See gespiegelt, und da ruft er voll Ehrfurcht aus: »Boa, ich bin der König des Waldes.« In dem Moment spürt er eine mächtige Tatze auf seiner Schulter, dreht sich um und hinter ihm steht ein riesiger Bär und fragt: »Was hast du gesagt?« – »Ach, wat mer su schwaad beim Suffe!«

Ein bisschen Folter

Jetzt stellen Sie sich mal vor, bei Ihnen im Haus,
Da ging so'n Kalif von Köln ein und aus,
So mit Turban und Kaftan und Brille und Bart –
Na, eben so'n Schurke der islamistischen Art.

Und statt dass der Kerl in Abschiebehaft,
Wohnt er ganz dreist in der Nachbarschaft,
Doch Sie wissen genau, dieser Typ da, der ist
In Wahrheit ein ganz übler Top-Terrorist.

Und der hat irgendwo 'ne Bombe platziert,
Die in wenigen Stunden in der Stadt detoniert.
Doch keiner weiß, wo, und keiner weiß, wann,
Und Sie sind wahrscheinlich der einzige Mann,
Der die Katastrophe noch verhindern kann –
Ja bei allem was recht ist, aber was machen Sie dann?

Ein bisschen Folter, um den Kerl zu zwingen,
Ein bisschen Folter machte da schon Sinn,
Ein bisschen Folter könnte da was bringen,
Ein bisschen Folter wär da durchaus drin.

Ein bisschen drohn, ein bisschen Schock,
Ein bisschen Strom, ein bisschen Stock,

Damit bekommt man auch die harten Brocken klein,
Und wenn's der Wahrheitsfindung nützt
Und wenn's die armen Opfer schützt,
Dann kann das so grundsätzlich falsch doch gar nicht sein.
Oder nehmen wir mal den folgenden Fall,
So'n Fall – das weiß jeder – der passiert überall:
Da kommt so'n Entführer und entführt Ihren Sohn
Und fordert als Lösegeld eine Million.

Was folgt, ist 'ne Sonderkommandoaktion.
Der Kerl wird geschnappt. Was fehlt, ist Ihr Sohn.
Weil, den hat er im Wald in 'nem Erdloch versteckt,
Wo er langsam verhungert und qualvoll verreckt.

Und jetzt kommt dieses Schwein in Gefangenschaft,
Und da hockt es dann rum – und es schweigt.
Ja was nützt da die ganze Beugehaft,
Wenn das Schwein sich am Ende nicht beugt?
Doch Ihr Sohn, das steht fest, krepiert irgendwann,
Ja bei allem was recht ist – was machen Sie dann?

Ein bisschen Folter, um den Kerl zu zwingen,
Ein bisschen Folter machte da schon Sinn,
Ein bisschen Folter könnte da was bringen,
Ein bisschen Folter wär da durchaus drin.

Ein bisschen drohn, ein bisschen Schock,
Ein bisschen Strom, ein bisschen Stock,
Damit bekommt man auch die harten Brocken klein.
Und wenn's der Wahrheitsfindung nützt
Und wenn's die armen Opfer schützt,
Dann kann das so grundsätzlich falsch doch gar nicht sein.

Zwischenfrage:
Warum hat der Osama Bin Laden
sich die Haare gefärbt?

Sie haben es doch auch gesehen, das letzte Video des Oberter-
roristen. Lief ja gleich nach dem Erscheinen rund um die Uhr
auf allen Fernsehkanälen der Welt. Und eigentlich war alles
genauso wie auf dem letzten Osama-Video von vor drei Jahren.
Da hockt der gefährlichste Mann der Welt im weißen Nachthemd und in gelber Strickjacke mit der typischen Salatschüssel auf dem Kopf und murmelt sich seine antiamerikanischen
Sprüche in den Bart.

Und genau dieser Bart gibt den Terrorexperten in aller Welt
Rätsel auf. Denn statt des bekannten friedhofsgrauen Gezot-
tels trug der saudi-arabische Bösewicht eine sauber gestutzte,
tiefschwarze Gesichtsmatratze und auch das Haupthaar war,
soweit man es unter der Salatschüssel sehen konnte, frisch gefärbt. Und da drängt sich natürlich die Frage auf: Warum hat
der Osama das gemacht?

War es die übliche Eitelkeit, die alternde Männer dazu bewegt, die Spuren der frühzeitigen Vergreisung zu beseitigen?
Hat der Terrorchef sich kurz vor der Videoaufnahme im Spiegel betrachtet und gedacht: »Nee, so ungepflegt kannst du dich
der Weltöffentlichkeit nicht präsentieren«? Und dann hat er
einen seiner Helfershelfer in die nächste Drogerie-Filiale geschickt mit dem streng geheimen Auftrag, ihm ein paar Flaschen Haarfärbemittel zu besorgen. Oder steckt eventuell mehr
dahinter?

Und wenn einer die Antwort auf diese Fragen kennt, dann der universal gebildete Oberexperte für alle Fragen des vorderen, hinteren und sonstigen Ostens: Peter Scholl-Latour. Der hat gestern in der Bild am Sonntag das neue Bin-Laden-Video exklusiv analysiert. Und das Ergebnis ist wirklich verblüffend. Zumindest, was die Bartfrage angeht. Ich zitiere: »Das hat mit Eitelkeit nichts zu tun. Das ist eine Art von Tarnung.«

Ja aber klar! Schließlich ist der Osama Bin Laden der meistgesuchte Verbrecher des Universums. Und das weiß man doch: Wenn sich so ein Verbrecher quasi unsichtbar machen will, dann klebt er sich einen falschen Bart an. Dafür müsste sich der Osama allerdings erst einmal rasieren, aber das kann er ja nicht, weil der eigene Bart ja für den islamistischen Glaubenskrieger so was ist wie die verspiegelte Sonnenbrille für den amerikanischen GI. Und deshalb hat sich der Bin Laden die Haare eben gefärbt. Damit man ihn in Zukunft nicht mehr erkennt. Und weil er das Ergebnis dieser Tarnung so gelungen fand, hat er sich noch am gleichen Tag filmen lassen und dann das Video in alle Welt verschickt. Und ich Idiot wäre fast drauf reingefallen. Aber zum Glück gibt es ja den Peter Scholl-Latour.

Der hat übrigens auch noch gleich erklärt, warum der Osama trotz frischer Färbung so schlecht aussah. »Das sind die Strapazen des Höhlenlebens. Und jünger wird er auch nicht.« Das sagt zumindest der Scholl-Latour. Und der muss es ja wissen.

Es gibt nichts, was es nicht gibt

Es gibt Selbstmörder, die sich als Propheten verkleiden
Und sich anschließend selber die Gurgel durchschneiden.
Es gibt grüne Metzger, die jeden Anstand verlieren
Und für die Karriere mit den Schweinen paktieren.
Es gibt Gottesmänner und zwar meist die ganz frommen,
Die lassen die Kinder des Nachts zu sich kommen.
Es gibt Trittbrettfahrer, die keinen Zug verpassen.
Es gibt Ratten, die just in time die Schiffe verlassen.
Es gibt Menschen, die sind in ihr Auto verliebt.
Es gibt einfach nichts, nichts das es nicht gibt.

Es gibt brave Väter, die foltern im Keller die Söhne
Und verkaufen die Schreie als Jux-Klingeltöne.
Es gibt gute Mütter, die ihre Töchter portionieren
Und in Tupper-Dosen verpackt im Drei-Sterne-Fach einfrieren.
Es gibt böse Onkels, die ganz plötzlich Reue zeigen.
Es gibt traurige Tanten, die zu alledem stets schweigen.
Es gibt Omas und Opas, die in Verschlägen vegetieren,
Derweil ihre Enkel seit Jahren die Renten abkassieren.
Und all diese Menschen waren freundlich und beliebt.
Es gibt wie gesagt nichts, das es nicht gibt.

Es gibt pudelschissmetallicbraune Geländewagen,
Die in den Innenstädten Nashörner jagen.

Es gibt literarisch sehr wertvolle Feuchtgebiete,
Da wohnen die Läuse zur Untermiete.
Es gibt Banken, da werden Milliarden verfeuert,
So dass sich tags drauf die Rate verteuert.
Es gibt irgendwo immer noch kleine Oasen,
Für die mit den goldenen Ärschen und Nasen.

Es gibt Heuschreckenzüchter und Unkrautvernichter,
Kunstrasensprenger und Kanalrattenfänger,
Wunderheiler und Starkstromverteiler,
Es gibt ganz besonders schlaue
Und ganz besonders helle
Und es gibt Guido Westerwelle.

Es gibt Lauben, die nie rosten,
Es gibt Glauben, die nichts kosten,
Es gibt Teufelsaustreiber
Und Hungerlohnschreiber,
Es gibt grüne Buddhisten
Und braune Nudisten,
Es gibt Schulen, da wird das Verlieren geübt,
Es gibt wie gesagt nichts, was es nicht gibt.

Es gibt keine Arbeit, es gibt keine Dauer,
Es gibt keine Hoffnung, es gibt keine Trauer,
Es gibt keine Scham, es gibt kein Tabu,
Es gibt keine Rente, es gibt keine Ruh,
Es gibt kein Pardon, es gibt keine Mitte,
Es gibt keinen Aufschub und keine Kredite,
Es gibt kein Verlaufen, es gibt kein Vergeben,
Und es gibt kein falsches
Im richtigen Leben.

Es gibt Momente, da glaubt man, im Schlamm zu versinken,
Es gibt Momente, da möchte man sich sinnlos betrinken,
Es gibt Momente, da erstickt man am eigenen Lachen,
Und es gibt Momente, da sollte man auch mal 'ne Pause machen.

Pausenmeditation

Tja, meine Damen und Herren, so ist sie, die Welt von heute. Alles ist denkbar, alles ist machbar – oder wie es der Abkürzungsfetischist ausdrücken würde: Aimöwemanuwi – alles ist möglich, wenn man es nur will.

Aber was wollen wir wirklich? Wollen wir genmanipulierte Hühner, die statt Eier Medikamente legen? Wollen wir dopingfreie Dauerläufer, die als Letzte über die Ziellinie humpeln? Wollen wir kaiserliche Gichtgestalten, die sich bis ins hohe Alter ohne Gummi durchs Rudel bummsen?

Und genau da liegt das Problem. Kein Mensch kann heute mehr alles wollen, was er wollen könnte, bzw. nicht alles, was gewollt werden kann, könnte man auch wollen, selbst wenn man es wollte. Es herrscht eine große Orientierungslosigkeit. Völlig verstörte Individuen stauen sich auf den Datenautobahnen, lungern apathisch in virtuellen Großräumen oder irren ziellos durch gewaltige Müllhalden auf der Suche nach dem ultimativen Dauerniedrigpreis. Und warum?

Weil er ihnen abhandengekommen ist: der Glaube! Und deshalb erlauben Sie mir, an dieser Stelle einige Sätze zu diesem Thema fallen zu lassen. Und wenn es um den Glauben geht, hat es sich im Laufe der Jahrtausende eingebürgert, in Gleichnissen zu sprechen. Und so möchte auch ich mit einem solchen beginnen, nämlich mit dem Gleichnis vom ungläubigen Bayern.

Also: Treffen sich zwei Bayern, sagt der eine: »Grüß Gott!« Sagt der andre: »Gern! Aber welchen?«

So klein dieses Gleichnis auch ist, umso größer das Dilemma, das es aufzeigt. Denn wer glaubt schon gerne an das Falsche? Jetzt nehmen wir mal an, Sie hätten Ihr Lebtag fest daran geglaubt, in den Himmel zu kommen. Also, so mit Himmelstor und Petrus und pausenlos Manna – tja und dann? Dann werden Sie plötzlich wiedergeboren! Als Pillendreherkäfer. Oder als Fruchtzwerg. Schöner Flop!

Oder nehmen wir so einen heiligen Krieger. Da bindet der sich im Namen Allahs ein paar Stangen Dynamit um den Bauch, jagt einen Bus voller Ungläubiger in die Luft, weil er glaubt, sich auf diese Art und Weise direkt ins Paradies zu sprengen. Und, was ist? Mohammed war der falsche Prophet und der Koran nur ein orientalisches Märchenbuch. Was bleibt, sind furchtbare Höllenqualen bis in alle Ewigkeit. Und so eine Ewigkeit, die ist verdammt lang.

An diesen beiden Beispielen sehen Sie schon, wie folgenschwer so einfacher Irrglaube sein kann. Das kann Ihnen die ganze Auferstehung vermiesen. Gut, früher war die Sache einfacher. Zumindest hier in unseren Breitengraden.

Da hieß es: katholisch oder Scheiterhaufen. Da wurde einem die Entscheidung noch leicht gemacht.

Aber heute? Heute haben Sie nicht nur die ganze Palette der Weltreligionen mitsamt ihrer vertrottelten Oberpopen und senilen Chefgesalbten im Angebot, nein, heute finden Sie an jeder Ecke eine andere Sondersekte.

Da werden Sie mit Heilsversprechen nur so zugekübelt. Da wimmelt es nur so von selbsternannten Meistergurus und eingefleischten Lamas, von beleuchteten Säulenheiligen und vermaledeiten Müttern – und alle sind sie hinter Ihnen her wie der sprichwörtliche Teufel hinter der armen Seele.

Da ist es natürlich kein Wunder, dass kein Mensch mehr durchblickt. Mittlerweile ist die Frage nach dem richtigen Glauben ja ähnlich kompliziert wie die Frage nach dem richtigen Wein, sagen wir zum »Kaninchenrücken provenzalisch«. Da können Sie auch nicht alle Möglichkeiten vorher durchprobieren. Da sind Sie ja sturzbesoffen, bevor das Essen auch nur anfängt.

Und selbst wenn Sie jetzt den passenden Glauben für sich gefunden haben – ja, was nützt der Ihnen, wenn Sie der Einzige sind, der dran glaubt? Das reicht ja nicht einmal für eine anständige Messe, geschweige denn für eine ordentliche Prozession. Jetzt nehmen wir mal so eine Springprozession. Ja da höppeln Sie dann mutterseelenallein durch die Fußgängerzone? Nein – Sie müssen Ihren Glauben unters Volk bringen.

Und auch da müssen Sie heutzutage ganz neue Wege beschreiten. Mit Feuer und Schwert kommen Sie da genauso wenig weiter wie mit Daumenschraube und eiserner Jungfrau. Nein, was Sie brauchen, ist eine ausgefuchste, mit allen Wassern des Medienzeitalters gewaschene, moderne Marktstrategie. Also zu allererst einmal einen griffigen Slogan. Wie zum Beispiel: »Glaub mal wieder!« oder »Ich glaube gern!« oder »Wer's glaubt, wird selig.« Oder Sie versuchen es mit so einem suggestiven Interrogativ alla: »Heute schon geglaubt?«

Hauptsache kurz, knapp und bündig. So was wie die Zehn Gebote können Sie vergessen. Zu viel Text.

Oder nehmen wir Luthers 95 Thesen. Erstens viel zu viele und zweitens: Wo wollen Sie die heutzutage hinnageln? Da kriegen Sie allerhöchstens eine Anzeige wegen wilden Plakatierens! Nein, Sie müssen in die Medien. Am besten, am allerbesten eine eigene Fernsehschau: »Einer wird dran glauben!«

Obwohl, so wie es aussieht, werden Sie keinen mehr finden. Wenn schon die halbe Regierung nicht mehr auf Gott schwört, dann ist wirklich zappenduster im Tabernakel. Oder wie es die radikalste aller Purpursocken, der Kölner Erdbeerschorsch Kardinal Meißner von der Kanzel kübelt: »Die nackte Sexualität ist die moderne Gottheit von heute geworden.«

So viel Selbsterkenntnis hätte ich dem ollen Betonkopf gar nicht zugetraut. Ich weiß ja nicht, wann Sie das letzte Mal beichten waren, aber zurzeit haben Sie da gar keine Chance. Da sind die Beichtstühle rappelvoll mit Pfaffen, die sich gegenseitig ihre Missbrauchsfälle beichten. Sie kennen diesen alten Witz: »Was gibt der Herr Pastor denn für Rumfummeln?« – »Drei Mars und zwei Snickers.«

Zweiter Teil:
Weine nicht, wenn der Regen fällt

Gehst du frühmorgens aus dem Haus
Und du siehst, die Bäume schlagen aus,
Doch du weißt genau, es ist erst Januar.
Und auch ein Schneesturm Mitte Mai,
Da ist doch weiter nichts dabei,
Dann ist eben nichts, wie's früher einmal war.
Und gibt es Glühwein im Julei
Und im Dezember hitzefrei.
Und dauert der April fortan das ganze Jahr –

Na, dann weine nicht, wenn der Regen fällt,
Wenn der Pegel steigt, sorge dich nicht.
Es gibt immer noch einen auf dieser Welt,
Den hat's noch viel schlimmer erwischt.
Was sollen die Depressionen,
Von wegen das Wetter macht krank.
Für den Schnee, da gibt es Kanonen,
Und für die Sonne, da gibt's eine Bank.

Lebst du als Mensch in Bangladesch,
Dann hast du ausgesprochen Pech,
Weil dir schon sehr bald die Dauerflutung droht.
Und auch der Niederländer weiß:
Für sein Niederland ist's viel zu heiß.

Nur noch ein, zwei Grad und Holland ist in Not.
Es schaut der Bergbewohner bang
Auf die Menschen unter sich am Hang.
Denn wenn der Berg mal rutscht,
Dann rutscht er auf sie drauf.

Und deshalb weine nicht, wenn der Regen fällt.
Und wenn der Pegel steigt, sorge dich nicht.
Es gibt immer noch einen auf dieser Welt,
Den hat's noch viel schlimmer erwischt.
Was sollen die Depressionen,
Von wegen das Wetter macht krank.
Für den Schnee, da gibt es Kanonen,
Und für die Sonne, da gibt's eine Bank.

Und deshalb weine auch nicht, wenn der Regen fehlt.
Sei doch froh, Mensch, dann wirst du nicht nass.
Was haben wir uns durch den Regen gequält,
Heiß Duschen macht sehr viel mehr Spaß.
Komm, pfeif auf die düstren Prognosen,
Der Heizkörper hängt an der Wand.
Der Strom, der kommt aus den Dosen,
Und für die Dosen, da gibt es jetzt Pfand.

Darf ich Sie mal was fragen? Was würden Sie machen, wenn ich Ihnen jetzt hier einen Bericht vorlegen würde, in dem ein hochkarätig besetztes Team von unabhängigen Wissenschaftlern zweifelsfrei beweisen würde, dass der Verzehr von nur einem Glas Bier zum sofortigen Verlust von mehreren Millionen Gehirnzellen führt?

Würden Sie auf der Stelle die nächste Kneipe aufsuchen und so viel Bier in sich hineinschütten, bis es Ihnen aus den Ohren herauskommt? Nein, Sie würden natürlich innehalten, den Bericht etwas genauer studieren und anschließend eventuell Ihren Bierkonsum einstellen und auf alternative Formen der Alkoholzufuhr umsteigen.

Sie hauen sich ja auch nicht freiwillig einen Vorschlaghammer vor den Kopf oder springen vom Dreimeter in ein Schwimmbecken, in dem sich nachweislich nicht ein einziger Tropfen Wasser befindet. Schließlich ist der Mensch ein vernunftbegabtes Wesen und verfügt über so etwas wie einen Selbsterhaltungstrieb.

Obwohl – was das angeht, kommen mir doch erhebliche Zweifel, wenn ich mir die Reaktionen auf den vierten Klimabericht der Vereinten Nationen ansehe.

Es ist schier unfassbar: Da kommen die führenden Vertreter aller mit dem Klima beschäftigten Wissenschaften zu dem eindeutigen Ergebnis, dass die vom Menschen verursachte und von seiner maßlosen Sucht, alles Fossile zu verheizen, angefeuerte Erderwärmung schon im Jahr 2100 dazu führen wird, dass sich diese Erde in eine klimatische Vorhölle verwandelt und was passiert?

Alle Welt diskutiert darüber, wer denn jetzt schuld sei.

Da sagen die Autofahrer mit den kleinen Autos, es sind die Autofahrer mit den großen Autos,

dann sagen die Autofahrer mit den großen Autos, es sind die Autofahrer mit den kleinen Autos, die zu viel fahren, dann sagt der Verband der Autofahrer, es sind gar nicht die Autofahrer, sondern die Billigflieger,

dann sagen die Billigflieger, es sind die Stromverbraucher,

dann sagen die Stromverbraucher, es sind Klimagerätbenutzer,

dann sagen die Klimagerätbenutzer, es sind die Tiefkühltruhenkäufer,

dann sagen die Tiefkühltruhenkäufer, es sind die Auslandsurlauber,

dann sagen die Auslandsurlauber, es sind die Rindfleischfresser,

dann sagen die Rindfleischfresser, es sind die Konservendosenhersteller,

dann sagen die Konservendosenhersteller, es sind die Vollholzmöbellieferanten,

und irgendwann war jeder mal dran, und dann fangen wir wieder von vorne an,

weil schuld immer nur der andre sein kann.

Zwischenfrage:
Was ist eigentlich eine Hysterie?

Jetzt bin ich kein Spezialist für Neurosen, psychogene Störungen und überspannte Extraversionen aller Art, aber immerhin weiß ich, dass man mit Hysterie gemeinhin ein Verhalten bezeichnet, das aus einer heftigen Gemütsbewegung heraus entsteht und mit vorübergehenden Bewusstseinstrübungen verbunden ist, ohne dass entsprechende reale Gründe für dieses Verhalten vorliegen.

Den Satz: »Jetzt werd mal nicht gleich hysterisch« richtet man in der Regel an Menschen, die kurz davor sind, völlig grundlos komplett auszurasten und in einem Anfall von geistiger Totalverfinsterung aus dem Anzug zu springen, das sie umgebende Mobiliar zu zerlegen und in den nächstliegenden Teppich zu beißen. Oder wie es der große Kölner Volksdichter Gerd Köster einmal ausdrückte: »Kragenknopf auf Wiedersehn, Puls 210!«

Beispiele für hysterische Menschen sind Frauen, die nichts anzuziehen haben, Männer, die vor roten Ampeln stehen, oder auch Kinder, die an Supermarktkassen urplötzlich auf den Gedanken kommen, die Mama müsse ihnen auf der Stelle eine Riesenpackung Hubba Bubba in den nimmersatten Schlund stopfen. All diese Menschen haben eins gemeinsam: Sie veranstalten ein Riesentheater, ohne dass es dafür auch nur den geringsten Grund gäbe.

Wie komm ich darauf? Nun, es gibt ja in Deutschland dieses Hamburger Schlauberger-Magazin, das maßgeblich dazu beitragen will, die sogenannte öffentliche Meinung zu bilden. Und auf der Titelseite dieses Meinungs-Bildungsmagazins sahen wir eines Tages ein strohblondes Comic-Weibsbild, aus dessen verzagtem Schädel eine Sprechblase quoll und darin stand: »Hilfe, die Erde schmilzt«. Darüber dann die Schlagzeile: »Die große Klima-Hysterie«.

Na also, in Wahrheit haben wir das doch längst gewusst: All diese Schauergeschichten über den kurz bevorstehenden Klimakollaps und den damit zwangsläufig verbundenen Weltuntergang, alles nur Hysterie und Panikmache.

Schließlich hat ja auch der Weltklimarat der Vereinten Nationen festgestellt, dass die Erde noch zu retten ist. Und zwar für en Appel und en Ei. Lediglich 0,12 Prozent der weltweiten Wirtschaftsleistung sind nötig, um den ganzen Laden rein klimatechnisch zu sanieren. 0,12 Prozent! Ich mein, das ist doch mal eine Zahl, mit der sich's leben lässt.

Ich geb Ihnen mal ein Beispiel: Im Schnitt fährt jeder Deutsche jährlich 12 000 Kilometer mit dem Auto. Davon 0,12 Prozent sind grob geschätzt 13 bis 14 Kilometer. Wohlgemerkt: jährlich. Das sind knapp 40 Meter am Tag. Ja, die kann ich doch locker einsparen. Da fahr ich eben mal nicht mit dem Auto zum Kiosk um die Ecke, sondern geh zu Fuß. Wo ist das Problem?

0,12 Prozent der Wirtschaftsleistung! Billiger kann die Rettung der Welt kaum noch werden. Und wenn Sie in einigen Monaten feststellen, dass die Preise für viele Grundnahrungsmittel wegen der Jahrhundertdürre in diesem Frühjahr um 20 Prozent steigen, na dann werden Sie mal nicht hysterisch. Da hat sich wahrscheinlich nur wieder so ein Panikmacher gründlich verrechnet. Und davon geht die Welt nun wirklich nicht unter.

Mensch, Leute: Mindestens drei Grad globale Erwärmung und mindestens 30 Zentimeter Anstieg des Meeresspiegels, wisst Ihr eigentlich, was das heißt? Und zwar hier für uns in Europa?

Da kriegt dieses dämliche Lied »Ohne Holland fahrn wir zur WM« eine ganz neue Bedeutung, weil es dann gar kein Holland mehr gibt.

Und auch die Wallfahrt nach Kevelaer am Niederrhein wird dann zur Schiffstour, oder sie fällt ganz aus, weil da, wo in Kevelaer die Wallfahrtskirche stand, allerhöchstens noch eine Boje vor sich hindümpelt.

Dann gibt es entweder Jahrhundertflut oder Jahrhundertsommer, und da ist es dann so brüllend heiß, dass dem normalen Mitteleuropäer das Hirn unter der Schädeldecke verdampft. Wobei ich den Eindruck habe, dass es da gar nicht mehr so viel zu verdampfen gibt.

Denn da hör ich auch schon wieder den Chor der Abwiegler und Beruhigungstropfenverteiler: »Das ist doch alles Panikmache, die Welt hat schon ganz andere Katastrophen überstanden.«

Stimmt. Hat sie. Auch ohne Menschen. Also, Augen zu und dann runter vom Dreimeter. Vielleicht braucht man ja gar kein Wasser im Becken, um heil unten anzukommen. Es ist noch immer gut gegangen.

Und wenn es irgendwann nichts Fossiles mehr zum Verheizen gibt, na dann verheizen wir eben unsre Ski-Ausrüstung. Die brauchen wir dann nämlich nicht mehr. Der einzige Schnee, den es dann noch gibt, der ist von gestern.

Und das hat ja durchaus auch seine Vorteile. Wenn jetzt zum Beispiel in Sibirien das ganze Eis wegschmilzt, und irgendwann verspürt noch mal so ein durchgeknallter größter Feldherr aller Zeiten das dringende Bedürfnis, nach Osten zu marschieren, ja da wird so ein Feldzug der reinste Sommerspaziergang.

So eine Pleite wie der letzte Russlandfeldzug wäre doch bei einem anderen Klima gar nicht möglich gewesen. Nein, da muss man einfach mal die vollklimatisierte Kirche im globalen Dorf lassen.

So ein Problem wird ja vor allem dadurch zum Problem, dass man es Problem nennt. Alles eine Frage der entsprechenden Sprachregelung. Und natürlich des ökologisch korrekten Verhaltens.

Beispiel Ozon. Kennen Sie den Unterschied zwischen einem älteren Auto und einem älteren Menschen? Nun ganz einfach: Das ältere Auto darf im Sommer raus, der ältere Mensch nicht.

Also zumindest, wenn er sich an die Empfehlungen des Landesumweltamts bezüglich des Verhaltens von älteren Menschen in der aktuellen Landesumwelt hält. Denn diese Umwelt ist zurzeit extrem belastet. Vor allem im Sommer.

Kaum gehst du als älterer Mensch vor die Tür, schon schießen dir die Tränen in die brennenden Augen, dein Kreislauf kriegt die Schwindelsucht und stechende Schmerzen in Brust und Kopf erinnern dich daran, dass du soeben einen fatalen Fehler begangen hast, der im schlimmsten Fall dazu führt, dass die nächste Tür, die hinter dir zugemacht wird, die Tür der Notaufnahme des nächstliegenden Krankenhauses ist. Und das liegt am Ozon bzw. am gesteigerten Wert, mit dem dieses Ozon vor allem im Sommer die Umwelt belästigt.

Und weil das so ist, empfiehlt das Landesumweltamt allen älteren Menschen, sich spätestens nach 10 Uhr morgens nicht mehr ins Freie zu begeben, sondern sich in die eigenen vier Wände zurückzuziehen, die Rollläden zu schließen und möglichst bewegungslos auf den nächsten Morgen zu warten.

Dann kurz durchlüften, drei, vier Kniebeugen und zack, die Rollläden wieder runter und weiter warten. Dasselbe gilt übrigens auch für Kleinkinder und alle besonders empfindlichen Menschen mit Atemwegs-, Kreislauf- oder sonstigen Erkrankungen.

Das heißt, wenn es nach den Empfehlungen des Landesumweltamts ginge, dann müsste bei schönem Wetter die Hälfte der Bevölkerung in der verdunkelten Stube hocken und darauf warten, dass sich dieser dämliche Ozonwert endlich wieder da einpegelt, wo gesundheitliche Risiken und schädliche Nebenwirkungen ausgeschlossen werden können.

Ein anderes schönes Beispiel für eine gelungene, ökologisch korrekte Reaktion auf ein bis dato unbekanntes Umweltproblem ist der Begriff »Eigerfürzchen«.

Ein Eigerfürzchen ist so etwas Ähnliches wie ein Südsee-Bäuerchen oder ein Wüsten-Rülpserlein, und erfunden hat diesen lustigen Begriff ein gewisser Herr Studer.

Der Herr Studer ist Bürgermeister von Grindelwald, einem Schweizer Gebirgsdorf, ca. zwei Kilometer entfernt von der Eiger-Ostwand, wo sich im Juli dieses Jahres mal so ganz nebenbei 500 000 Kubikmeter Felsgestein gelöst haben und ins Tal gestürzt sind.

Und für diesen doch irgendwie beunruhigenden Vorgang hat der Bürgermeister von Grindelwald den Begriff »Eiger-Fürzchen« geprägt, um damit aller Welt zu signalisieren, wie ganz und gar harmlos dieser Felssturz eigentlich war.

Jetzt sind bzw. waren diese 500 000 Kubikmeter allerdings Teil einer gewaltigen Felsnase, die – so behaupten zumindest die diversen Felsnasen-Experten – innerhalb der nächsten Zeit komplett den Abgang machen wird.

Dann rutschen noch mal zwei Millionen Kubikmeter Eiger-Bergfels mit einem Gesamtgewicht von fünf Millionen Tonnen ins Tal, was vom Volumen ungefähr das Gleiche ist, als würde man 2000 Einfamilienhäuser mal eben so den Berg runterschmeißen.

Da wird dann aus dem Fürzchen doch ein veritabler Furz.

Und so wie jeder Furz quasi die akustische Folge eines Verdauungsvorgangs im Körperinneren ist, so ist auch der Eiger-Bergfurz nur ein Zeichen dafür, dass im Inneren des Berges irgendetwas nicht stimmt, oder, um es etwas drastischer zu formulieren: Der Berg ist sterbenskrank, und zwar genauso sterbenskrank wie alle seine Artgenossen, die mit ihm in den Alpen vor sich hinrutschen.

Ich sage Ihnen, wenn der Berg wirklich rufen könnte, dann würde er nur um eins rufen: und zwar um Hilfe. Und spätestens, wenn in gnädig geschätzten hundert Jahren die Alpen komplett schnee- und eisfrei sind, spätestens dann erleben wir eine alpine Rutschpartie, gegen die ist der Rutsch an der Eiger-Ostwand tatsächlich nur ein Fürzchen im Weltall.

Das Klima dieser Welt hat eben seine eigenen Gesetze. Und eines davon lautet: Kommt der Prophet nicht zum Berg, kommt der Berg eben zum Propheten.

Aber ich will Ihnen ja nicht die Stimmung verderben. Denn für viele Menschen gibt es ja nichts Schöneres als schönes Wetter.

Vor allem im Sommer. Da können Sie fragen, wen Sie wollen, wenn es um den Sommer geht, dann sind sich alle einig: »Geil! Der Sommer war einfach nur geil! Sechs geile Wochen geilen Urlaub mit geilem Wetter an geilen Gewässern mit geilen Stränden voll geiler Typen mit geilen Drinks in geilen Klamotten und geilen …«

Ja, ist ja gut, ist ja gut – ich habe es verstanden. Aber um ehrlich zu sein, begriffen habe ich es bis heute nicht. Also dass so ein ganz und gar ekliges Wort wie dieses schmierige »geil« mittlerweile einen Stammplatz in der ohnehin arg ramponierten deutschen Sprache gefunden hat.

Setzen Sie sich morgen früh mal in der Straßenbahn ganz unauffällig in die Nähe einer größeren Ansammlung von Schulkindern. Ich sage Ihnen, da kriegen Sie vor lauter »geil« das große Ohrensausen.

Wenn der normal verzogene und sprachlich für gewöhnlich völlig unterentwickelte junge Mensch von heute über einen Restsprachschatz von – seien wir mal großzügig – 500 Worten verfügt, dann sind mindestens 300 davon irgendwelche Kombinationen mit dem Schmodderwort »geil«: voll geil, supergeil, megageil, irre geil – da gibt es Kombinationen, wo man sich wirklich fragt: »Wie kommen die Kinder darauf?«

Gut, »Affengeil«, da kann man sich was drunter vorstellen, da denkt man gleich an Bonobos oder Paviane, da weiß man, das geht so in die Richtung »karnickelgeil«. Aber jetzt nehmen wir zum Beispiel mal »hammergeil« – ja was soll das sein?

Wenn es wenigstens noch »presslufthammergeil« wäre, da hätte man ja noch eine Assoziation, aber einfach nur Hammer?! Was kommt da als Nächstes: »kombizangengeil« oder »kreuzschlitzschraubengeil«?

Jetzt sagen ja viele: »Na, das ist eben die Jugendsprache. Und die Jugend hat sich schon immer ihren eigenen Code zusammenschwadroniert, das legt sich irgendwann.« Ja wenn es denn so wäre! Aber so ist es mitnichten! Ganz im Gegenteil.

So wie in Amerika inzwischen jeder »fucking bastard« in jedem »fucking moment« in seiner »fucking language« »rumfuckt« und selbst der »fucking president« in seinem »fucking office« »fuckt« da mit, genauso hat auch hier bei uns der Triumphzug der Gosse die Sprachzentren aller Bevölkerungsteile längst erreicht: Geil, geil, geil sind alle meine Kleider, geil, geil, geil ist alles, was ich hab.

Und spätestens seit die Bildzeitung auf der Höhe des allgemeinen WM-Euphorismus »schwarz-rot-geil« auf die Titelseite rotzte und anschließend den ganzen Rotz auf Millionen Aufklebern unter die Leute jubelte, seitdem sind alle Dämme des sprachlichen Anstands gebrochen.

Einigkeit und Recht und Geilheit! Und da sind es dann nur noch ein paar ganz kleine Schritte bis zum »Geiler Gott, wir loben dich!«

Ja das geht Ihnen dann doch zu weit. Irgendwo muss ja eine Grenze sein. Na sag ich doch! Also wehret den Anfängen! Wer seine eigene Sprache auf den Hund kommen lässt, der liegt irgendwann selber vor dem Fressnapf.

Und umgekehrt zeugt eine gepflegte, der großen Tradition all der Dichter und Denker verpflichtete Sprache auch von einem gepflegten Verstand. Und es hört sich übrigens auch viel geiler an!

Zwischenfrage:
Warum gibt es eigentlich kein
Sprechverbot in der Bundesbahn?

Ich mein, es gibt doch so viele sinnvolle Verbote, die dem Reisenden eine entspannte und relativ stressfreie Fahrt ermöglichen. So dürfen Sie in der Bahn nicht mit dem Fahrrad fahren, Sie dürfen nicht rauchen, keine Würstchen grillen und es wird auch nicht gerne gesehen, wenn sie plötzlich anfangen, mit ihrer Reisebohrmaschine die Abteilwände zu verdübeln. Es gibt ein Transistorradio-Verbot, ein Megafon-Verbot, und auch das Presslufthämmern und Knallkörperzünden ist strengstens untersagt.

All diese Verbote existieren wie gesagt, um dem Benutzer dieses öffentlichen Transportmittels einen möglichst angenehmen Aufenthalt während seiner teuer bezahlten Fahrt zu garantieren. Und damit sind wir wieder bei unserer Ausgangsfrage: Warum gibt es in der Bahn kein Sprechverbot? Warum ist es erlaubt, hemmungslos und ohne Rücksicht auf die Nerven der Mitreisenden zu quatschen und zu quatschen und zwar in einer Lautstärke, die es einfach unmöglich macht, wegzuhören?

Wer zum Teufel will wissen, seit wann der Mann auf Platz 42 diese Probleme mit der Bandscheibe hat und was das jedes Mal für unvorstellbare Schmerzen sind, wenn er sich morgens früh in der Dusche nach der weggeflutschten Seife bücken muss?

Wen interessiert, ob das Ehepaar mit dem Sparticket gestern Abend in dieser wahnsinnig interessanten Ausstellung diesen wahnsinnig interessanten Maler mit den wahnsinnig interessanten Bildern persönlich getroffen hat, um ihn dann für den Rest des Abends mit ihrem aufgeblasenen Gequatsche vollzutexten? Und wer um alles Welt will hören, wie die fidelen Schluck-Schwestern vom Kegelverein mal so richtig frivolen Dampf ablassen und kreischend und keifend mit ihren verklemmten Altweiberphantasien das überfüllte Abteil terrorisieren?

Niemand! Niemand will all das überflüssige Gerede mitanhören, weil es nämlich niemanden interessiert. Und deshalb plädiere ich für ein Sprechverbot in der Bundesbahn. Zumindest auf Langstrecken.

Und wenn schon kein generelles, dann wenigstens eine Aufteilung in Quatscher- und Nicht-Quatscher-Abteile. Da können dann all die, die nicht in der Lage sind, ihren Rand wenigstens für die Dauer einer Zugfahrt zu halten, in den Quatscher-Abteilen ein Riesenpalaver veranstalten, während der Ruhe suchende Rest der Reisenden entspannt und unbelästigt im Nicht-Quatscher friedlich vor sich hin döst.

Und wenn dieses Sprechverbot erst einmal quasi als Modellversuch bei der Deutschen Bahn durchgesetzt und erprobt wurde, dann wird es auf andere Bereiche des öffentlichen Lebens ausgeweitet. Auf Wartezimmer, Hallenbäder und Kfz-Zulassungsstellen – kurzum auf alle Orte, an denen Menschen unfreiwillig mit anderen Menschen zusammenkommen. Und da wird dann nur noch das geredet, was unbedingt nötig ist.

Ja, ich weiß, natürlich kann man niemandem das Sprechen verbieten. Denn glücklicherweise leben wir in einem freien Land, in dem jeder jederzeit und überall reden darf, was er will. Aber wenn Sie mir einen Gefallen tun würden: Bitte nicht ganz so laut!

Kein Anschluss
unter dieser Nummer

Was glauben Sie, wie viele Handys es in Deutschland gibt? Nun, laut neuesten Angaben des zuständigen Branchenverbands Bitkom gibt es zurzeit in Deutschland 82,8 Millionen Handys, das heißt: Die Zahl der Mobilfunkanschlüsse übersteigt bundesweit die Zahl der registrierten Einwohner.

Der Trend geht also ganz eindeutig in Richtung Zweithandy. Warum? Um diese Frage beantworten zu können, müssen wir erst einmal grundsätzlich klären, warum der Mensch von heute überhaupt ein Handy besitzt.

Logo, damit er überall und jederzeit telefonieren kann. Und zwar mobil. Wer erinnert sich nicht an jene furchtbaren Zeiten, als man zum Telefonieren außer Haus noch eine sogenannte Telefonzelle aufsuchen musste, wo man ohne das nötige Kleingeld von vornherein verloren war.

Und selbst wenn man über die entsprechenden Münzen verfügte, konnte es einem passieren, dass kommunikationsfeindliche Zeitgenossen das Kabel vom Hörer durchgeschnibbelt, den Münzeinwurfschlitz mit Kaugummi verstopft oder den Münzfernsprecher sonst wie unbrauchbar gemacht hatten.

Aber dann kam das Handy, und mit ihm die fantastische Möglichkeit, immer und überall telefonieren zu können. Beim Metzger, im Theater, beim Gottesdienst und vor allem in der Straßenbahn. Ich glaube, die meisten Mobilfunkgespräche werden in der Straßenbahn geführt.

»Ja hallo, ich bin's, stehe gerade in der Straßenbahn und telefoniere. Ja, du auch, mach's gut, ich leg jetzt auf!«

Wobei ich an dieser Stelle eine Sache anmerken muss. Liebe Mobilfunkbenutzer, die modernen Handys sind technisch derart hochgerüstet, dass sie nicht nur fotografieren, Musik abspielen und navigieren können, nein – sie verfügen auch über hochsensible Mikrofone.

Das heißt: Sie müssen nicht mehr brüllen, als sprächen sie in ein Dosentelefon.

Und wo wir gerade dabei sind: Wenn Sie denn schon statt eines gewöhnlichen Klingeltons in ihrem Handy irgendeine saublöde Doofmannsmelodie gespeichert haben, oder vielleicht sogar ein ungemein lustiges Rülpsen oder Furzen oder das Geplärr Ihres Neugeborenen, dann machen Sie das um Gottes willen leise. Es muss doch nicht jeder wissen, wie stil- und geschmacklos Sie in Wahrheit sind.

Aber worum es ja eigentlich ging, war der verstärkte Trend zum Zweithandy.

Warum sind immer mehr Menschen der Meinung, eines von diesen eigentlich völlig überflüssigen Mobilfunktelefonen sei mindestens eines zu wenig, weshalb sie den dringenden Wunsch verspüren, sich ein zweites anzuschaffen? Nun ganz einfach: Weil sie keiner anruft.

Da haben Sie sich das teuerste und bei weitem neumodischste Handy angeschafft, was der Markt zu bieten hat, mit Rückruf-, Anklopf-, Konferenz- und was weiß ich noch für Superfunktionen und was passiert? Kein Schwein ruft Sie an.

Und das ist das Schöne an einem Zweithandy: Da rufen Sie sich eben selber an. Und dann erzählen Sie sich, wo Sie gerade sind und was Sie gerade machen, und dann können Sie quatschen und quatschen ohne Ende und das Dolle ist: Sie sind der Einzige, der weiß, wer dran ist.

In dem Zusammenhang muss ich Ihnen noch eine kleine Geschichte erzählen, und zwar von meiner Mutter. Meine Mutter ist 70, kerngesund und eigentlich völlig klar im Kopf.

Und die erzählt mir gestern, sie bekäme in der letzten Zeit mehrmals täglich Anrufe von einem freundlichen Mitarbeiter ihres Telefonanbieters, und der wäre der Meinung, sie müsse mal dringend über ihr Telefon nachdenken.

Und dann würde er ihr eine Frikadelle ans Ohr labern von wegen, er hätte da ein Komplettpaket für sie, und sie hätte kein Wort verstanden, und deshalb solle ich ihr die ganze Angelegenheit doch mal erklären.

Ich sag: »Mutter. Diese neuen Komplettpakete, also die sind nicht nur einfach komplett, die sind auch komplett einfach. Deshalb sagen die ja auch: ›Erleben Sie's einfach‹.« Sagt meine Mutter: »Na dann erklär's mir doch einfach.«

Ich denk, fang mal einfach an: »Also Mutter, entweder du nimmst Single, Double oder Triple Play.« Da meint sie, ja der Vater wär ja schon lange tot, da nähme sie doch am besten Single.

Ich sag: »Nee, ganz so einfach ist das nicht. Die Frage ist doch, willst du jetzt XXL Local und zwar um den Nahbereich erweitert oder XXL Fulltime, wobei das Fokusangebot Fulltime im Gegensatz zu XXL Local die Callflat und nicht die Cityflat hat, obwohl ich mir jetzt auch nicht sicher bin, ob die Voice-Optionen Festnetz zu Mobil eher im Countryflat oder im Country-select für einen preissensiblen Schmalhans-Kunden wie dich optional optimal sind, vor allem wenn man berücksichtigt, dass der Vor-Ort-Service acht im Gegensatz zum Vor-Ort-Service 24 bis zu acht Stunden Entstörzeit zubuchbar macht.«

Da sagt meine Mutter: »Ich will nicht gestört werden, ich will telefonieren!«

Ich sag: »Mutter, es geht doch nicht ums Telefonieren, es geht doch um günstige Einstiegskomplettangebote und attraktive

Zusatzleistungen ohne Zeit- und Volumenbegrenzung, wobei ich dir direkt sagen muss, dass die Tarife Home Complete Basic und Home Complete Basic Plus nur in Verbindung mit dem All-inclusive-Home-Complete-Paket gebucht werden können.

Aber dafür kriegst du dann auch einen VDSL-Anschluss, einen Home-Complete-Tarif und die Hardware VDSL 25 inklusive 500 Megabyte Freivolumen, 2048 Kilobit Surfgeschwindigkeit pro Sekunde und High Speed Video on Demand gebührenfrei als tagesaktuelles Bandelangebot ohne Bereitstellungsentgelt.

Und außerdem bekomme ich dann als freiberuflicher Neukundenwerber zur Belohnung mindestens 3000 HappyDigits und die reichen dicke für eine Super-Prämie wie die digitale Küchenwaage.«

Tja, und das mit der Küchenwaage hat sie dann überzeugt, und sie hat dann das Call-and-Surf-Comfort-Plus-Paket genommen. Ein paar Tage später hat sie mir dann einen Brief geschrieben. Und darin hat sie sich bitter bei mir beschwert, dass man mit der Küchenwaage gar nicht telefonieren könne, und sie gehe jetzt doch zu einem anderen Anbieter und zwar zu einem, dessen Sprache sie auch verstehe.

Zwischenfrage:
Was macht eigentlich die Krise?

Wir alle wissen, dass diese Krise noch sehr, sehr viel schlimmer und folgenschwerer ist, als wir es uns jemals vorstellen konnten. Einer der Grundpfeiler unserer Gesellschaft ist krachend zusammengebrochen, und das Vertrauen der Menschen in eine der wichtigsten Institutionen des öffentlichen Lebens ist so nachhaltig gestört, dass man mit Fug und Recht von einem totalen Vertrauensverlust sprechen muss.

Ja wie kommen Sie denn jetzt auf Banken? Nein. Bei den Banken ist die Welt doch wieder in Ordnung. Seit der Rettungspaketdienst der Bundesregierung seine Geldlieferungen auf den Weg gebracht hat, seitdem spricht doch kein Mensch mehr von Finanzkrise. Ganz im Gegenteil: Wir sind noch einmal davon gekommen. Vor allem die Verantwortlichen.

Nein, wovon ich spreche, das ist die Krise, die viel gravierender und grundlegender ist, weil sie im Endeffekt jeden einzelnen von uns betrifft: die große Fernsehkrise!

Seit der olle Reich-Ranicki bei der Verleihung des Deutschen Fernsehpreises seine Stinkbombe hat platzen lassen, seitdem ist im deutschen Fernsehen nichts mehr so, wie es einmal war. Millionen Menschen, die bis dahin wie hypnotisiert vor den Trugbildschirmen hockten, erwachen plötzlich aus dem Koma und stellen fassungslos fest: Alles Blödsinn, was da in der Glotze flackert und flimmert.

Intendanten, Programmdirektoren und andere Fernsehverantwortliche bekennen öffentlich: »Ja, wir haben Mist gebaut! Viel zu viel seichtes Trallala und volkstümelndes Hoppsassa, viel zu wenig echte Kultur und kritische Information.«

Auf den Leserbriefseiten der Tageszeitungen, wo gestern noch über den Verfall der kapitalistischen Marktkultur lamentiert wurde, gibt es nur ein Thema: die große Sinn- und Legitimationskrise des deutschen Fernsehens.

Seit Papst Marcel, der Verknötterte, in aller Öffentlichkeit verkündete, er schaue, wenn überhaupt, nur hin und wieder mal bei Arte rein, seitdem hat dieser Sender für Schlaubürger und Nischenhocker Einschaltquoten wie seinerzeit das allererste deutsche Fernsehen bei der Ausstrahlung vom »Stahlnetz«.

Die Marktanteile der Privaten stürzen dramatisch ab, die Nachmittags- und Vorabendprogramme kommen völlig zum Erliegen, und die Werbeeinnahmen tendieren gegen null. Es ist nur noch eine Frage der Zeit, bis die Sendetätigkeit auf den betroffenen Kanälen völlig eingestellt wird. Marcel Reich-Ranicki, der greise Prophet der Hochkultur, hat den Zuschauern die Augen geöffnet, und sie erkennen, dass die meisten Programme noch flacher sind als die Bildschirme, auf denen sie laufen. Viele, die bis dahin gar nicht wussten, wo sich an ihrem Gerät der Ausschaltknopf befindet, ziehen einfach den Stecker und wenden sich angewidert ab vom Kabel des Grauens.

Abschalten!

Oder aber Sie gucken rund um die Uhr den Westdeutschen Rundfunk. Da ist die Fernsehwelt noch in Ordnung. Denn schließlich hat der WDR den Rundfunkrat. Und der sorgt schon dafür, dass die Zuschauer Niveau nicht mit einer billigen Handcreme verwechseln.

Denn hier suchen keine dummen Bauern noch dümmere Frauen, hier suchen Tiere ein Zuhause. Und hier laufen auch keine dämlichen »Coaching-Shows«, und wenn doch, dann sind die so grottendämlich, dass sie sich quasi von selber absetzen.

Und hier wird man auch nicht Millionär, sondern hier bekommt man beispielsweise im NRW-Duell Antworten auf so interessante Fragen wie: In welcher Stadt steht die Wallfahrtskirche von Kevelaer? Oder: Woher kommen die Aachener Printen?

Und wem das alles noch nicht Kultur genug ist, der schaltet sein Radio ein. Zum Beispiel WDR 3: Freude, Feuer, Forte! Stärke, Stolz, Staccato! Sehnsucht, Sünde, Sinfonie!

Früher gab es ja diesen blöden Witz: Warum heißt WDR 3 WDR 3? Weil die nur drei Hörer haben. Aber die Zeiten sind vorbei. Die Hörerschaft lechzt nach Kultur. Von wegen plemplem-dudel-dudel dudelt der Dudelfunk. Alles nur so Schnitt-Schnitt-Hit-Clip-geier-geier-Vollnerv. Immer nur so weggesendet, weg-weg-weg-weg! 1,30 und weg. Und bevor sie alle weg sind, schnell wieder plemplem-dudel-dudel! Und im Studio der nächste Herr, dieselbe Dame!

Nein, das will kein Bildungsmensch mehr hören. Und deshalb werden die WDR-Radioprogramme auch permanent reformiert. Da wird dann auf der Basis von präzisen Leistungsbeschreibungen die Entwicklung eines formvollendeten Zielvereinbarungsprozesses mit den für die einzelnen Koordinations- und Steuerungskompetenzen zuständigen Redaktionen vorangetrieben, um im Rahmen der Leistungsvereinbarungen mit der Sendeleitung einen Vorschlag vorzulegen für die Aufbau- und Ablaufregelungen einer neu zu schaffenden Binnenorganisation für die sachgerechte Abwicklung von Zulieferungen aus anderen Bereichen wie zum Beispiel durch die unmittelbare Anbindung der Redaktion »Ökologie und Landwirtschaft«.

Und während die Menschen sich an den daraus resultierenden Prachtblüten der öffentlich-rechtlichen Fernseh-Hochkultur ergötzen, sitzen die nimmermüden Mitglieder des Rundfunkrats schon wieder zusammen und suchen nach der ultimativen Antwort auf die medialen Herausforderungen der Zukunft: Wie sieht sie aus, diese Zukunft? Wohin steuert der deutsche Bildungsfunk?

Nun, beim Radio bin ich mir da nicht so sicher, was allerdings das Fernsehen angeht, da kann ich es Ihnen sagen.

Denn so, wie es zurzeit aussieht, steuert das deutsche Fernsehen direkt hinter den Ofen, mittenmang in die Küche: Noch nie wurde im deutschen Fernsehen so viel gebrutzelt und gebraten und gedünstet wie heute.

Da können Sie zu einem x-beliebigen Zeitpunkt Ihren Apparillo anwerfen, und schwupp, sind Sie schon wieder mittendrin in irgendeiner vollautomatischen Dampfküche, wo Ihnen irgend so ein angeblich wahnsinnig prominenter Drei-Sterne-Pommesbuden-Hilfskoch seine neuesten Rezepturen vorköchelt. Die ganz kleine Flamme als Sendeprinzip.

Auf dem einen Kanal präsentiert der scheinbar omnipräsente Johann Lafer seine diversen selbstgeknödelten Schleimereien, auf dem andern hängt der küchenmopsfidele Horst Lichter seinen unappetitlichen Schnauzer in die Fritteuse, und zwischendrin gugelt Sarah Wiener einen ihrer weltberühmten Hupfer.

Und während die hyperaktiven Damen und völlig überdrehten Herren vom Fernsehküchenpersonal rühren und schnibbeln und dämpfen und seien – ja, sie seien auch, sie seien ab und seien durch, weil, wie heißt es so schön: »Koch sei bei uns« – also während sie da vor laufenden Kameras rumfuhrwerken wie die durchgebrannten Pürierstäbe, quatschen sie und quatschen und quatschen, als müssten sie die Kartoffeln garreden.

Aber so richtig unverdaulich wird es erst, wenn diese Dampfküchenplauderer im Rudel auftreten, wie beispielsweise am Freitagabend im Zweiten, wenn Lanz kocht.

Ich sage Ihnen: Wenn Lanz kocht, dann steht der Herd aber in Flammen. Da wieseln dann gleich fünf Meisterkochlöffel und Kaltmamsellen durchs Küchenstudio, und dann kochen und quatschen sie alle gleichzeitig.

Wenn Lanz kocht, dann kocht die Glotze über.

Was waren das früher für wunderbare Zeiten, Sie wissen schon, in der Fernsehsteinzeit: Clemens Wilmenrod! Ein Mann wie ein Backblech. Schnörkellos, sachlich und immer die Ruhe selbst. Das Bild schwarz-weiß, eine feste Kameraeinstellung und von wegen »gratinierte Wildwasserlachs-Sashimi in Edelnussbutter mit gegrillter Wassermelone«, nein, da gab es einen anständigen Braten mit Sauce und Knödeln und, wenn es mal ganz exotisch wurde, eventuell ein Paprikagemüse.

Da sind die Zuschauer am nächsten Tag in den Feinkostladen gewandert und haben sich gewundert, dass es keine schwarzweißen Paprika gab.

Oder Alfred Biolek. Ja da wusste doch jeder, die Gäste können genauso wenig kochen wie der Alfred, aber darum ging es ja auch gar nicht. Die wollten sich einfach nur nett unterhalten und zwischendurch die eine oder andere Flasche Wein inhalieren.

Oder dieses Ehepaar in irgendeinem süddeutschen dritten Programm. Herrlich, wie die zänkische Olle ihren bedauernswerten Küchenknecht immer wieder runtergeputzt hat. Das hatte noch einen gewissen Unterhaltungswert. Da war bei aller Zankerei eins klar: In der Ruhe liegt der Bratensaft.

Aber heute? Heute ziehen diese Suppenkasper und Topflappen eine Schau ab, als ob es darum ginge, den Preis für die originellste Zirkusnummer zu erkochen. Da wird der Küchenschürzenträger zum Magier.

Erst zaubert er ein geschmortes Kaninchen aus dem Zylinder bzw. aus der Kochmütze, selbstverständlich mit asiatischer Kräuterkruste und Ingwer-Füllung, dann jongliert er mit fünf gusseisernen Bratpfannen und zwischen Hauptgang und Pudding macht er Flickflack auf der brennenden Herdplatte.

Und die Zuschauer schalten ein. Sensationelle Quoten. Die Deutschen – ein Volk von Gourmets und Gourmeusen. Und weil das so ist, wird ab sofort in jeder Sendung gekocht.

Ich warte nur darauf, dass Tom Buhrow in den Tagesthemen irgendwann sagt: »Und jetzt die neuesten Rezepte aus aller Welt mit Jan Hofer.« Oder, auch sehr schön: Am Samstagabend im Ersten das Rezept zum Sonntag mit Oda-Gebbine Holze-Stäblein. Und spätestens, wenn sonntags im »ZDF-Nachtstudio« auf dem Studio-Monitor kein Kaminfeuer, sondern eine Bratröhre erscheint, spätestens dann wird das Fernsehen völlig ungenießbar.

Aber den Leuten gefällt's. Hocken zuhause vor der Glotze, gucken sich an, wie irgend so ein Küchenclown die Trilogie von Gänsestopfleber, Carpaccio vom Kalbskopf und gefüllten Kohlrabi versalzt, und bestellen anschließend beim Pizza-Service zweimal die 62.

Zwischenfrage:
Was ist die vornehmste Art,
schnittfestes Wasser zu
konsumieren?

Nun, ganz einfach. Die vornehmste Art, schnittfestes Wasser
zu konsumieren, ist der Verzehr von holländischen Tomaten.

Ja, ich weiß, der Witz ist alt und zwar genauso alt wie die
Entdeckung, dass die holländische Tomate zwar aussieht wie
eine Tomate, dass sie aber weder so schmeckt noch irgendetwas von dem enthält, was eine Tomate eben enthalten sollte,
weshalb sie zu Recht den Spitznamen »Wasserbombe« trägt.
Diese Entdeckung ist jetzt schon ein paar Jahre alt und hat
seinerzeit dazu geführt, dass die Verbraucher auf den Verzehr
dieser Gemüse-Placebos verzichteten und so die niederländischen Agrarindustriellen zwangen, neue, geschmackvollere
Tomatensorten auf den Gemüsemarkt zu schleudern. Seitdem
kennen wir »Tasty Tom« oder die sogenannte Kirschtomate.

Das ist, wie gesagt, schon ein paar Jahre her, und inzwischen
hat sich die Lage der holländischen Grünzeug-Exporteure einigermaßen normalisiert.

Doch jetzt droht den Gemüsezüchtern aus dem Land der
Klompen und Drempel der Supergau. Denn jetzt haben Wis-
senschaftler der renommierten Agrar-Universität Wageningen
herausgefunden, dass der regelmäßige Konsum von niederländischen Nahrungsmitteln eine echte Gefahr für die Gesundheit der Konsumenten darstellt.

Ob Eisbergsalat oder Blumenkohl, ob Spinat oder Champi-
gnon, das ganze vermeintlich gesunde Grünzeugs aus Holland

ist in etwa so nahrhaft wie die Folie, in die es eingeschweißt ist. So ist beispielsweise der Vitamin-C-Gehalt in Salatgurken aus niederländischen Gewächshäusern in den vergangenen sieben Jahren um 99 Prozent zurückgegangen. Bei Broccoli sind es 84 und bei Blumenkohl 64 Prozent.

Der Rekordhalter bei dieser systematischen Vitamin-Reduktion ist dabei allerdings der Chicorée. Da ist nämlich mittlerweile gar nichts mehr drin. Das heißt: Bevor Sie als gesundheitsbewusster Endverbraucher sich das nächste Mal einen Chicorée-Salat zubereiten, reißen Sie doch besser ein paar Seiten aus dem Kochbuch, schneiden die in kleine Stücke – und mit ein bisschen Essig und Öl haben Sie das gleiche Resultat.

Da sag noch mal einer, wir hätten hierzulande keine Ernährungsprobleme. Da werden wir von nimmersatten Agrarindustriellen abgefüttert mit Nahrungsmitteln, die im Endeffekt nur eins machen, nämlich fett und krank. Normalerweise müsste auf jeder Salatgurke ein dickes Schild kleben mit dem Hinweis: »Der Verzehr dieses gurkenähnlichen Produkts hat schwerwiegende Folgen für ihre Gesundheit!«

Und was sagt das für die Volksgesundheit zuständige Verbraucherministerium? Nun, das fordert eine weltweite Renaissance der Landwirtschaft und gibt damit indirekt zu, dass diese Landwirtschaft weltweit verkommen ist zu einem kriminell organisierten Anbau von Sättigungsbeilagen mit dem Ziel, möglichst oft eine möglichst profitable Ernte einzufahren. Es geht nicht um gesunde Ernährung, es geht um das ganz schnelle, ganz große Geld.

Und das ist ja das Schöne am Geld. Man kann es zwar nicht fressen, aber wer zu wenig davon hat, dem bleiben eben nur die Sonderangebote. Es war schon immer etwas teurer, einen guten Geschmack zu haben. In diesem Sinne: Guten Appetit oder wie der Holländer sagen würde: »Eet smakelijk!«

Wohl bekommt's!

Ja, die Verpflegung. Da können wir Angehörigen des fahrenden Volks so manch garstig Lied von singen. Die meisten Veranstalter, die ahnen in der Beziehung von Tuten und Blasen ja nicht die Bohne. Da kommen Sie hungrig wie ein Iltis von der Autobahn gekrochen und fragen so ganz nebenbei: »Na, was gibt's denn heute Abend hier zu essen?« Antwort: »Zwei Tüten Pombär Paprika, Hanuta und Lila-Pause-Knusper-Crisp.«

Ich sage dann immer: »Mensch, Kinners, die Leute, die zu euch kommen, die haben niveauvolle Ansprüche auf anspruchsvollem Niveau. Das sind alles Gourmets und Gourmeusen. Die wollen sich nicht verstopfen, die wollen das Feinste und Leckerste, was dieser Erdball zu bieten hat: Cuisine globale!«

Es ist doch so: Die ganze Welt liegt uns sozusagen zu Füßen. Ja da wären wir doch schön blöd, wenn wir uns nicht bücken würden. Und außerdem: Die Völker dieser Erde leben doch von unserem Appetit! Ohne das unstillbare Verlangen der Deutschen nach wässrigen Geschmacklosigkeiten könnte sich der Niederländer seine Salatgurke doch – mit Verlaub gesagt – in den Hintern schieben.

Und wenn hier in Deutschland nicht alle drei Minuten eine neue Hamburger-Filiale aufmachen würde, dann lebte der Südamerikaner doch heute noch im Urwald. Aber so ist der Urwald irgendwann weg, und die Einheimischen haben freie

Sicht auf all die prächtigen Rinderherden. Unsereiner sieht die Tiere doch nur noch als Hackfleischfladen.

Ja, ich weiß, über 500 Millionen Menschen auf der Welt hungern. Aber ich würde sagen: Das sind mehr als genug. Wenn wir da auch noch Kohldampf schöben, das wär doch falsch verstandene Solidarität. Und außerdem: In der Dritten Welt sterben jährlich zwei Millionen Menschen an Durchfall, da kann das mit dem Hunger ja so schlimm nicht sein.

Und wie gesagt: Wenn hier jemand Ernährungsprobleme hat, dann doch wir. Wer sich einmal an einem kalten Büffet die Beine in den Bauch gestanden hat, der weiß, wie schwer es auch bei uns sein kann, an Nahrung zu gelangen!

Noch nie war es so leicht, sich falsch zu ernähren wie heute: Gastritiden, Magengeschwüre, Infarkte – 60 Prozent unserer Bevölkerung sind total obstipat! Leidet an zu geringem Stuhlvolumen aufgrund fehlender Defäkationsreize – sind, auf Deutsch gesagt, völlig verstopft.

Oder gehen Sie doch mal in eine Buchhandlung: 10 000 legale Steuertricks, und der Rest ist Spachteln – Restaurantführer, Ernährungsberater, Kochbücher! Rezepte, Rezepte, Rezepte! Schon die Zubereitung der gewöhnlichen Kartoffel stürzt mich in Verzweiflung: Frittiert panieren oder püriert frisieren oder gerührt blanchieren – ehrlich, ich weiß überhaupt nicht mehr, wie ich die alte Knolle zubereiten soll. Ich kauf ein und schmeiß direkt weg!

Ich geh nur noch aus essen. Klar, da kommt außerhalb von Köln Verwunderung auf. Sie sind ja froh, wenn sie nach 22 Uhr noch irgendwo 'ne Currywurst kriegen. Oder wenn einmal die Woche der Bofrost-Wagen vorbeikommt. Und das ist dann auch noch kalt!

Das ist in einer Großstadt, also in einer richtigen Metropole, also in Köln, da ist das alles ganz anders. Wenn Sie in Ihrem

Leben noch mal nach Köln kommen sollten – und das ist weit mit dem Rad –, dann gehen Sie direkt in eine Buchhandlung oder an einen Kiosk und kaufen sich einen Gastroführer. Am besten den alternativen von den Alternativen der alternativen Kölner StadtRevue.

Titel: »Essen, Trinken, Tanzen! – Tag und Nacht.« Rund um die Uhr: Erst essen, dann trinken, dann tanzen, dann kurz abkacken, dann wieder essen, trinken, tanzen …

Und damit Sie bei dieser gewaltigen, nimmer endenden Fressorgie nicht da stehen wie der halb verhungerte Ochse vor dem riesigen Futterberg, darum haben die alternativen Gastroführer das ganze Angebot schon mal für Sie durchgekaut. Die schicken einmal im Jahr ihre feinzüngigsten Testesser in die diversen Brutzelbuden und Schlemmerstuben, und die essen dann da Test.

Diese Testesser, das sind in der Regel freie Mitarbeiter. Gerade in einer Medienstadt wie Köln, da können Sie mit freien Mitarbeitern die Straße pflastern. Die sind meist dezent jenseits der 50 und haben im Schnitt 36 Semester studiert, und zwar die Bafög-Anträge. Und irgendwann haben die dann diesen Wahnsinnsdruck nicht mehr ausgehalten, also diesen Leistungsdruck an den diversen Flach-, Fach- und sonstigen Dreikäsehochschulen.

Und dann haben die gesagt: »Eh ich mich hier zerbrechen lasse, da schmeiß ich die ganze Sache doch lieber hin!« Und dann haben die halt hingeschmissen und sind freie Mitarbeiter geworden. Das heißt, die haben in der Regel frei und warten auf Mitarbeitsangebote.

Und für die ist so ein Testesser-Job wie ein Sechser im Lotto. Da können sie dann einmal im Jahr den ganz dicken Mäx raushängen lassen und sich für lau in einer der angesagten Spitzenfraßstätten die Wampe vollkloppen. Die sind teilweise so ausgehungert, dass die die Tischdekoration und die Speisekarte gleich mitfressen. Und hinterher wird dann drüber geschrieben. Und was für eine gequirlte Flitzkacke! Ich zitiere:

»Das Gut Lärchenhof von Maître Müller grenzt sich schon durch sein opulentes Tor mit Sprechanlage von der Außenwelt ab.«

Klar, sonst könnt ja jeder kommen.

»Das Ambiente mit rustikalem Mobiliar und dem Austerbecken direkt am Eingang ist für urbane Menschen vielleicht ein wenig altbacken, und so bleibt das Restaurant die Pilgerstätte der auch kulinarisch konservativen Bourgeoisie.«

Und mittendrin in der bourgeoisen Pilgerstätte hockt unser urbaner Kohldampfschieber und fühlt sich wie Prinz Pupsi von und zu Schaumzwerg-Hippe.

»Der Maître begrüßt auch neue Gesichter und tänzelt charmant von Tisch zu Tisch. Die souveräne Leitung des Service übernimmt seine Frau, sie achtet auf strenge Einhaltung der Bedienungschoreografie.«

Ja, so hat er es gern, unser urbaner Schmecklecker. Da wird getänzelt und schlawänzelt, geschleimt und geschmiert, gekratzt und gebuckelt, und es fehlt eigentlich nur, dass der Kellner auf allen vieren an den Tisch gekrochen kommt, um den Speichel des bezahlten Mitessers zu lecken. Aber der amüsiert sich auch so wie Bolle.

»Brot wird mit Stäbchen gereicht, das Besteck mit weißen Handschuhen zurechtgerückt. Doch nie wird die unsichtbare Grenze verletzt, die die Noblesse setzt. Schade nur, dass das Restaurant sich nicht dreht.«

Na, wie dem auch sei, aber jetzt nichts wie ran an die Bulletten. Und siehe da, schon ein erster Blick in das Spachtelkärtchen beweist:

»Essen bei Maître Müller hat im Grunde genommen gar nicht mehr viel mit essen zu tun. Wer hier öfter einkehrt, wird auf der Speisekarte viele alte Bekannte treffen: Das Lamm-karree vom irischen Salzwiesenlamm etwa, oder die halbe Taube an Wirsingpraline.«

Ja, ja, man kennt sich und man frisst sich. Doch schon der erste Gang bringt Verunsicherung. Denn:

»Die Trilogie von Gänsestopfleber, Carpaccio vom Kalbs-kopf mit geröstetem Felsenoktopus und gefüllten Kohlrabi mit Flusskrebsen sorgte für Irritation, zu gewollt schien das En-semble. Kohlrabi und Flusskrebs wirkten wie zufällige Gäste auf dem Teller.«

Wie überhaupt auf den Tellern in so einem richtig edlen Fresstempel einiges los ist.

»Die gefüllten Calamaretti, die zarter nicht hätten sein können, wurden mit Blutwurst serviert. Das Ringen um die Dominanz auf dem Teller endete mit einem klaren Unentschieden. Im nächs-ten Gang vertrug sich der raffinierte Mondseehecht erwartungs-gemäß gut mit dem Zitronenthymian, der Rest wirkte allerdings unharmonisch: Zu viele Aromen balgten um die Vorherrschaft.«

Und dann rastet unser Schmatzbeutel völlig aus:

»Das Duett von Seezunge und Jakobsmuschel war eine Of-fenbarung. Die Muschel wurde vom Fisch liebevoll ummantelt und von kurz blanchiertem Gemüse vornehm begleitet und vor allem Reis und Steinpilze gingen eine intime Liaison ein.«

Mein Gott, was für eine ekelhafte Vorstellung: Reis trifft Pilz im Intimbereich, Fisch nimmt Muschel unters Mäntelchen, und Zunge ringt mit Blutwurst.

Aber auch der Nachtisch scheint ein ganz übler Flop gewesen zu sein, denn:

»Das Möhrensorbet – Möhrensorbet! – klang in der Ankün-digung aufregender als das Resultat auf dem Teller schmeckte.«

Das ist ja furchtbar, das Ohr isst doch bekanntlich mit! Aber unserem kritischen Allesfresser kann es auch ein Fünf-Sterne-

Maître Müller nicht recht machen. Zwar hat er am Ende alles ratzeputz weggefuttert, was ihm vor die verwöhnte Runkel geschoben wurde, aber zufrieden ist er nicht.

»Am Ende wünscht man sich etwas mehr Wagemut, vielleicht die eine oder andere überraschende Pointe, einen kleinen unerwarteten Kommentar.«

Wie zum Beispiel: Halt doch einfach mal den Sabbel, du alte Spachtelbacke, und wisch dir das nimmersatte Maul ab.

Ich sage Ihnen: Was sich diese selbsternannten Feinschmecker und Spitzenzungen in ihren Fresstestberichten zusammenschmoddern, das liest sich wie geschmorte Schuhsohle schmeckt. Da kriegt man auf der Stelle einen Heißhunger auf so eine richtig ekelhaft verbrötschte Currywurst mit doppelter Pommes Spezial.

Und dabei habe ich Ihnen die schlimmsten Kapitel der freiberuflichen Genussgriffel noch erspart. Denn so richtig in Fahrt kommen diese Verdauungspoeten erst, wenn's darum geht, die Weinkarte rauf- und runterzusaufen.

Wenn Sie mal zufällig in einer Futterkrippe der abgehobensten Art landen und Sie plötzlich ein Geräusch hören, als würde direkt hinter Ihnen eine total verkalkte Kaffeemaschine verrecken, dann können Sie sicher sein: Da hockt einer dieser Rebensaftsäcke und probiert den 98er Pöff dü Möff.

Wobei diese Leute ja nicht probieren, die degustieren, das heißt: Sie schlürfen und schmatzen und röcheln und gurgeln, und vor allem plappern sie dabei ununterbrochen irgendeinen Dösbadellschnack, den sie im VHS-Kurs »In zwölf Doppelstunden vom Ignoranten zum Degoutanten« eingeflößt bekommen haben.

Am beliebtesten ist dabei der Satz: »Ich glaube, der hat Kork!« Ja verdammt, wär dir ein Schraubverschluss lieber?

Dieselben Leute, die sich noch vor ein paar Jahren den Aldi-Lambrusco gallonenweise hinter die Binde gehämmert haben, machen plötzlich einen auf Grand Connoisseur, hocken stundenlang im Keller vor ihren selbstgebastelten Weinregalen und lernen das große Oxford-Weinlexikon auswendig.

Was dabei auffällt ist, dass es sich bei diesen Weinkellerasseln in der Regel um Männer handelt. Männer im fortschreitenden Alter, die anfangen, Zigarren zu rauchen, und sich für Formel-1-Rennen begeistern. Das muss mir auch mal jemand erklären.

Da hocken zwei Dutzend vom Wahnsinn Gebissene in ihren aerodynamischen Litfasssäulen und rasen wie die Henker stundenlang im Kreis, um sich anschließend mit klebrigem Schaumwein zu bespritzen. Hirnriss mal Totalklatsche durch Größenwahn minus Potenzproblem hoch drei – kurz: Formel 1.

Und weltweit hocken Millionen Vollidioten vor der Glotze und geiern darauf, dass einer von diesen Kamikaze-Piloten bei Tempo 300 aus der Kurve knallt, sich möglichst oft und selbstverständlich in Zeitlupe überschlägt, um anschließend in einem 20 Millionen teuren Haufen Schrott im Kiesbett zu verrecken. Ja, da lacht dem Crashtest-Dummy die Benzinpumpe im Leibe.

Und wenn ihm im Fernsehsessel einer abgegangen ist, setzt er sich in seinen tiefergelegten Golf-Turbo-Lupo und spielt auf der A 43 den Westentaschen-Schumi – ja, hat man euch denn ins Getriebe geschissen?

Entschuldigung, aber wie komm ich da jetzt drauf? – Ach ja, Männer. Die haben es ja auch schwer. Das Hauptproblem des Mannes von heute ist ja: Kaum kommt er auf die Welt, schon wird er älter. Gut, das mit der nachlassenden Manneskraft, das ist mittlerweile kein Problem mehr. Viagra, Levitra, Cialis – die Befreiung des Mannes von der Urangst vor der Frau ist Wirklichkeit geworden.

87 Millionen Euro hat der deutsche Mann im vergangenen Jahr zur Bewältigung der großen Lendenkrise in die Apotheken getragen, Tendenz steigend. Nein, in der Beziehung kann

gar nichts mehr schiefgehen, der einzige Nachteil von Viagra ist: Man kann das Verdeck nicht aufmachen.

Übrigens, kennen Sie den: Kommt ein Mann in die Apotheke: »Ich hätte gerne zwei Viagra!« Sagt der Apotheker: »Zwei Viagra gibt es hier nicht, die kriegen sie nur im Zehnerpack!« »Ach«, sagt der Mann, »kommen Sie, ich bin doch ein guter Kunde, tun Sie mir doch zwei Viagra.« Okay, der Apotheker holt die Schachtel, drückt zwei Viagra auf den Tresen, der Mann holt eine Rasierklinge aus der Tasche, hackt die Pillen klein und – wusch – zieht sich die in die Nase. Der Apotheker guckt und fragt: »Was machen Sie denn da?« »Ach, wissen Sie, in meinem Alter, da findet Sex eh nur noch im Kopf statt.«

Sorry, aber wie sagt schon mein Kollege Jürgen Becker: »Kabarett gut und schön, aber man muss auch mal einen Witz machen.« Wo waren wir? Ach ja, bei der Frage, die mit zunehmendem Alter männlicherseits immer mehr an Bedeutung gewinnt: Wann ist ein Mann ein Mann?

Nun, jahrhundertelang war die Antwort auf diese Frage relativ einfach: Ein richtiger Mann, der zieht hinaus in die Welt, reißt hier und da ein paar Bäume aus, schlägt hin und wieder ein paar Feinde tot und trifft sich anschließend mit seinen Kumpels, um ordentlich einen wegzubechern. Und dann werden entweder Karten oder Sprüche gekloppt, Marke: »Warum kriegen Männer keine Cellulitis?« – »Na weil's scheiße aussieht!«

Und wenn er dann nächtens sternhagelvoll nach Hause kommt und seine Frau sagt einen falschen Ton – na, dann knallt er ihr einen vor den Latz, legt sich – mit sich selbst und der Welt zufrieden – auf sein dickes Fell, zersägt im Traum die ausgerissenen Bäume und bereitet sich vor auf neue Mannestaten.

Ansonsten galt die goldene Regel: Die Schönheit ist weiblich, und der Schweiß heißt mit Vornamen Axel.

Doch dann kam, die Älteren unter Ihnen werden sich mit Schrecken erinnern, dann kam Ina Deter. Und die schrieb's an jede Wand: »Neue Männer braucht das Land!« Na, da ging der Stress los: Wie sieht er aus, der neue Mann, und was trägt er drunter? Was denkt man, was fühlt man und vor allem: Wie bedient man eine Waschmaschine?

Der stolze Recke von einst mutierte zu einem wimmernden Weichei, das sich mit anderen wimmernden Weicheiern in sogenannten Männerkrabbelgruppen gegenseitig bekrabbelte: »Ey, sag mal, Heinz-Hubert, wie gehst du eigentlich um mit deinen Aggressionen?« – »Ach weißt du, ich trink einen halben Liter Lenor und bügel ein paar Unterhosen!« – »Und was sagt deine Frau dazu?« – »Na gar nichts, die ist vorige Woche mit einem Waldarbeiter durchgebrannt!«

Da saßen sie nun bis zum Hals in ihrer selbstgepökelten Sülze, diskutierten über Stickmuster und Topflappen-Zubereitung – und da war das auch schon wieder verkehrt! Jetzt waren plötzlich wieder so unrasierte Macho-Macker gefragt. Königstiger statt Märchenprinzen. Gewichte statt Gedichte.

Also: Alle Mann raus aus der Kuschelecke und rein in die Eisen! Und kaum hatten sie ihre Bizepse wieder auf Kürbisgröße aufgeblasen, da hieß es: »Na, ihr stoppeligen Fleischberge – heute schon den neuen Sloterdijk gelesen?« Ja wann denn? So ein Fitness-Studio ist schließlich keine Leihbücherei!

Und seitdem ist der Mann von heute ein Objekt permanenter Runderneuerung. Da stehen die bedauernswerten Dreibeiner an jedem Monatsersten mit der Schubkarre am Kiosk, um die neuesten Männermagazine nach Hause zu karren, und denken wehmütig an die herrlichen Zeiten, als Kicker und Playboy noch reichten – eventuell noch »Meine Familie und ich«, damit die Frau auch was zum Blättern hatte.

Mans Health, Mans Wealth, Fit for Mann, Fun for Mann –
ich sage Ihnen, ohne die Lektüre dieser Postillen für den post-
modernen Primaten brauchen Sie heutzutage gar nicht mehr
anzutreten, da können Sie sich gleich die Mottenkugel geben!

Trag ich jetzt die Freizeit-Släcks mit Pattentaschen von Fra-
telli-Rosett zur Broker-Hose von Dolce & Gabbana oder die
knöchelkurzen Eye-Catcher von Guzzi zum quer gestreiften
Straight-Cut von Pepe? Riecht der angesagte Mann – nach
dem Aftershave – jetzt nach freilaufenden Wildschweinen, oder
ist der angesagte Männerduft so eine tödliche Mischung aus
abgestandenem Sherry-Essig und unverbleitem Diesel?

Zwischenfrage:
Was ist eigentlich ein
»Dresscode«?

Nun, ein »Dresscode« ist der Versuch, eine völlig überflüssige und dazu mehr als grottendämliche Angelegenheit dadurch aufzumotzen, dass man ihr einen neuen, möglichst modern klingenden Namen gibt. Wir kennen das von der »Gameshow«, dem »Callcenter« oder auch von den diversen »Chill-out-cool-down-after-Work-all-you-can-Pimp«-Parties.

So, wie sich hinter dem mittlerweile an jeder Straßenecke angebotenen »Coffee-to-Go« nichts anderes verbirgt als eine Art Schnabeltasse aus Pappmaché, aus der gestresste Zeitgenossen ihren Frühstückskaffee schlürfen, so entpuppt sich auch der »Dresscode« als eine ganz und gar schwachsinnige Erscheinung dieser Welt, die kein Mensch wirklich braucht. Denn ein »Dresscode« ist in Wahrheit nichts anderes als ein krampfhafter Wiederbelebungsversuch der verstaubten Kleiderordnung von anno dunnemals.

Wenn beispielsweise beim größten Simultanbesäufnis der Welt, also bei der Münchner Oktoberpest, die Gattin des bayerischen Ministerpräsidenten nicht im traditionellen Dirndl, sondern im schlichten Landhaus-Stil aufläuft, dann ist das in den traditionsverhangenen Augen der bayerischen Kleiderordnungshüter in etwa so, als würde sie im Brautkleid zum Staatsbegräbnis gehen.

Wo doch selbst so ausgemachte Anti-Bajuwarinnen wie Andrea Nahles oder Claudia Roth vor dem Besuch der Wiesen einmal tief einatmen und sich in die angesagte Bayern-Damen-tracht zwängen.

Nun gehöre ich ja zu den Menschen, denen es wirklich völlig egal ist, wie lächerlich sich jemand anzieht. Wegen mir könnten die Damen auch im Negligé antanzen, nach der zweiten Maß Starkbier sind eh alle Katzen grau.

Was ich allerdings gar nicht leiden kann, das ist, wenn mir jemand vorschreiben will, wie ich mich zu kleiden habe.

Beispiel: Da bekomme ich doch vorige Woche eine Einladung zur Hochzeit irgendwelcher, weiter entfernten Bekannten und am Ende dieser Einladung steht dick und fett geschrieben: »Dresscode – as cool and smart as you like.«

Jetzt mal ganz davon abgesehen, dass ich gar nicht weiß, wie man sich als cooler Smartie so dressed, so empfinde ich es doch schon als ziemliche Beleidigung, wenn jemand meint, er müsse mir vorschreiben, was ich auf einer Hochzeit anziehe. Glauben diese Leute denn, ich käme im Lappenclown-Kostüm? Oder im Blaumann? Laden die mich ein oder meinen Kleiderschrank? Auf eine solche Unverschämtheit gibt es eigentlich nur eine passende Antwort: Gar nicht erst hingehen!

Obwohl – neulich habe ich eine Ausnahme gemacht. Das war auch eine Hochzeit. Und auch da meinten die Gastgeber, auf der Einladung einen »Dresscode«, also eine Kleiderordnung vorschreiben zu müssen. Die war in dem Fall aber nicht cool und smart, sondern eher anno und pief. Da waren nämlich ausdrücklich Anzug und Abendkleid vorgeschrieben.

Wir sind dann trotz aller Bedenken hin. Meine Frau im Nachthemd und ich im Schlafanzug. Ach ja, und ein Hochzeitsgeschenk hatten wir natürlich auch dabei: eine Familienpackung Mottenkugeln!

Die Zeit der Irren und Idioten

Ein Tränensack wird korrigiert,
Das Nasenbein wird epiliert,
Ein Metzger schnetzelt Implantate,
Im Kühlschrank liegen noch Extrate,
Der Sauger saugt am Körperfett,
Ein Mann ist nicht mehr ganz komplett,
Noch ungezählt sind all die Toten,

Das ist die Zeit der Irren und Idioten.

Der Rettungsring ist extrahiert
Und das Gewebe stimuliert,
Die Hängelider sind geliftet,
Und auch die Falten sind vergiftet,
Im Magen bläht ein Luftballon,
Der Bizeps ist aus Waschbeton,
Am Ende gibt es Haltungsnoten,

Das ist die Zeit der Irren und Idioten.

Der Spiegel zeigt das Resultat,
Beim Grinsen platzt die erste Naht,
Im Bauchfleisch klaffen tiefe Lücken,
Nicht nur beim Beugen auch beim Bücken,
Die Augen finden keine Ruh',
Denn sie gehen einfach nicht mehr zu,
Doch reklamieren ist verboten,

Das ist die Zeit der Irren und Idioten.

Übrigens: Ich bin Raucher!

Und ich habe wirklich alles versucht: Ich bin zu den anonymen Kettenrauchern gegangen, ich habe mir die Akkupunkte hypnotisieren lassen, ja ich habe es sogar mit Nikotinpflastern probiert – vergebens. Ich hab die Dinger einfach nicht ans Brennen gekriegt. Ich bin gescheitert.

Und ich weiß, ich gehöre ausgemerzt wie das Unkraut auf dem Acker, wie der Borkenkäfer im Mischwald, wie der Pilzbefall auf der Frühjahrskartoffel.

Ja, ich gebe zu, ich habe Millionen von unschuldigen Passivrauchern auf dem Gewissen, ich bin schuld, wenn immer mehr Minderjährige sich beim Koma-Rauchen die Gesundheit ruinieren, ich bin es, der die Krankenkassen in den Ruin treibt, und ich bin es auch, der mit seinen Tabaksteuern die verfassungsfeindlichen Kriegseinsätze der Bundeswehr finanziert.

Wenn ich vom Antlitz dieser Erde verschwinde, dann hat dieses Land wieder eine Zukunft, dann wird wieder alles gut. Denn es sind eben nicht die Fuselschlucker und Pillenfresser, und es sind auch nicht die CO_2- und Feinstaub-Schleudern, und es sind auch nicht die Gammelfleischverkäufer und Chemieabfall-Produzenten, nein, der letzte unnatürliche Feind der vom Krebstod bedrohten Menschheit ist: der Raucher!

Und darum trifft ihn die volle Kelle des Gesetzes, deshalb wird er öffentlich als Mörder gebrandmarkt und erbarmungslos in die eisige Kälte gejagt, wo er mit seinen nikotinverseuchten Qualmgenossen jämmerlich erfrieren soll!

Und dann wird das Rauchen jetzt auch noch teurer, damit die energieverschleudernde Großindustrie weniger Ökosteuer zahlen muss. Super. Wir rauchen, damit die Schlote qualmen.

Also, liebe Nichtraucher, ein bisschen mehr Dankbarkeit. Wenn wir morgen aufhören, stehen übermorgen Tausende von Stahlkochern auf der Straße. Und überhaupt: Es reicht! – Ihr habt uns rigoros vertrieben aus allen öffentlichen Räumen, ihr habt es geschafft, dass der Satz »Ich rauch mir erst mal eine« inzwischen gleichbedeutend ist mit »Ich vergifte jetzt erst einmal ein paar unschuldige Kinder«! Wenn Sie heute zu jemandem sagen: »Darf ich Ihnen eine Zigarette anbieten?«, dann laufen Sie Gefahr, auf der Stelle erschossen zu werden, aus Notwehr.

Und wenn uns barmherzige Wirte aus purem Mitleid den einen oder anderen verblötschten Heizpilz vor die Tür stellen, dann sind wir auch noch schuld an der Klimakatastrophe. Es gibt ja inzwischen schon Forderungen, das Rauchen im Auto zu verbieten, wegen der Gesundheitsgefährdung der Autowerkstattmitarbeiter.

Klar, bring ich meine verquarzte Möhre in die Inspektion, fährt der Lehrling die Karre auf die Hebebühne und zack: Bronchialkatarrh, Raucherbein, Lungenkrebs. Auto inspiziert, Lehrling tot.

Würde sagen, wenn das Rauchen im Auto verboten wird, dann sollte man auch einen Schlauch vom Auspuff direkt ins Wageninnere führen. Soll doch jeder den Dreck schlucken, den er produziert.

Zugegeben, die bisherigen Raucherschutzgesetze sind wirklich das reine Chaos.

Da blickt doch keiner mehr durch. Und deshalb braucht es einheitliche Gesetze und verbindliche Regeln, wie es sie hierzulande bekanntlich für alles gibt.

Wie zum Beispiel die EU-Norm 1400 des Technischen Komitees für alle Artikel für Säuglinge und Kleinkinder – Abteilung: Essen, Trinken, Saugen und ähnliche Funktionen. »Wenn der Schnuller oder Beruhigungssauger am Band durch einen dauerhaft angebrachten Schnuller- oder Beruhigungssaugerhalter befestigt ist, muss die Messung von dem vom Band am weitesten entfernten äußersten Ende des Schnuller- oder Beruhigungssaugerhalters bis zum letzten Stück des Bandes oder der beweglichen Befestigungsvorrichtung an der Befestigung am Kleidungsstück erfolgen.«

Oder auch sehr schön: Das Gesetz über die Kontrolle von Kriegswaffen: »Kriegswaffen dürfen nur eingeführt, ausgeführt, durch das Bundesgebiet durchgeführt oder in das Bundesgebiet oder aus dem Bundesgebiet verbracht werden, wenn sichergestellt ist, dass die auf Grund der Allgemeinen Genehmigung eingeführten, ausgeführten oder durchgeführten Kriegswaffen nicht bei einer friedensstörenden Handlung verwendet werden.«

Das hört sich zwar verboten an, ist es aber nicht.

Wie so vieles, das nachweislich die körperliche und seelische Gesundheit der Menschen gefährdet.

Die Verlängerung der Laufzeiten von Atomkraftwerken, der Verkauf von Derivaten, Bauherrenmodellen und verfaulten Anlagen, der Besitz von Handfeuerwaffen, das Fahren von Geländewagen, die Musikbeschallung in Kaufhäusern, die Herstellung von Pressschinken, Kunstkäse und Flüssigei, der Besuch kinderpornographischer Seiten im Internet, die Verbreitung rechtsradikaler Propaganda auf Schulhöfen, die Verschreibung von teuren Medikamenten, die zu nichts, aber auch zu gar nichts nütze sind außer zur Verbreitung von Nebenwirkungen,

der große Preis von Hockenheim, das Sommerfest der Volks-
musik, das Bundestreffen der Vertriebenen, die Bildzeitung, die
Massentierhaltung, das Oktoberfest, Geschmacksverstärker,
Jägermeister, Zwölfzylinder, Kriegsspielzeug, Geldspielauto-
maten, Rasterfahndung, Feuerwerkskörper, Handy-Verträge,
Heizpilze, Abflussfrei, Unkraut-Ex, Red Bull, Botox, Ritalin,
Aspirin.

Alles erlaubt. Im Freien und in geschlossenen Räumen. Nur
das Rauchen, das ist verboten. Da kommt es zum großen Auf-
stand der Anständigen.

Ja, die Gesunden haben's gut, denn sie essen schon zum Frühstück eine Möhre.

Aber jetzt bloß nicht stehen bleiben.

Wie wäre es mit Videoüberwachung jeder piseligen Eckknei-
pe oder Meldepflicht für jede verkaufte Packung Zigaretten.
Und dann die potentiellen Mörder direkt anzeigen bei der örtlichen Gesundheitspolizei und sofortige Erhöhung der Kran-
kenkassenbeiträge, Ausschluss von allen Lebensversicherungen
und Zwangseinweisung in die nächste Entziehungsanstalt.

Als Nächstes elektronische Kennzeichnung aller ungesunden
Lebensmittel.

Und wenn dann die Supermarktkasse zu viel Zucker, Fett
oder Alkohol im Einkaufswagen registriert, schrillt die Alarm-
glocke, und dann geht es für den Rest des Tages an den Pran-
ger und danach direkt zu den anonymen Schadstoffschluckern,
deren Namen auf großen öffentlichen schwarzen Brettern an-
geschlagen werden.

Und weiter geht's im Katalog der Gesundheitswahnsinnigen:
der Body-Mass-Index als Einstellungskriterium, die Ernäh-
rungsgewohnheiten als Eintrag in der Personalakte und die
täglichen Fitnessübungen als frei verfügbare Daten auf dem
persönlichen Bewegungsmelder.

Wie gesagt: Man kann wirklich alles übertreiben.

Und wenn ich dann höre, dass die Renate Künast von den Grünen, der die Lebenslust quasi ins Gesicht geschrieben steht, dass die sonntags in der Quatschrunde bei Anne Will erzählt, die Entscheidung, mit dem Rauchen aufzuhören, gehöre zu den weisesten Entscheidungen ihres Lebens, weil seitdem habe sie schon früh morgens einen klaren Kopf, dann kann ich nur sagen: Wenn diese Klarheit dann dazu führt, solche Beschlüsse wie Hartz IV oder den Auslandseinsatz der Bundeswehr zu fassen, ja dann doch lieber das Hirn vernebelt.

Und wenn diese Renate Künast dann noch behauptet, sie esse auch schon mal gerne ein Stückchen Sahne-Trüffel-Schokolade, dann sehe ich sie vor mir, wie sie dieses Stückchen vor dem Verzehr auch noch in kleine Teile schneidet. Mensch Künast, von einer leckeren Sahne-Trüffel-Schokolade isst man nicht ein Stückchen, da isst man eine ganze Tafel.

Und der Unterschied zwischen einem biologisch geschroteten Müsli in Magermilch und einem frischen Weißmehlbrötchen schön mit Butter und einer dicken Scheibe jungem Gouda ist: Das Brötchen schmeckt einfach besser.

Wie heißt es so treffend in einem dieser Lieder, die von den frommen Christenmenschen in der Fastenzeit gesungen werden: »Gib, dass wir durch Enthaltsamkeit ertöten unsere Sinnlichkeit!«

Und wenn die erst einmal tot ist, dann fängt das Leben doch erst so richtig an. Dann hocken wir uns mit einer halben Flasche alkoholfreiem Bier und einer kleinen Tüte garantiert fettarmer Bio-Chips vor die Glotze und lassen es so richtig krachen.

Was geht euch das an

Wer wann warum mit wem verkehrt.
Von wo nach wo wer wie oft fährt.
Wovon wer was und wie viel weiß.
Wer was wo kauft zu welchem Preis.

Wohin wer wann und wie verreist.
Und wie genau sein Passwort heißt.
Was und wie viel wer wo bestellt.
Wer was bezahlt mit welchem Geld.

Warum wer wo auf welcher Liste steht.
Zu wem wer wie oft in den Beichtstuhl geht.
An wen wer welche Mails verschickt.
Wie oft sich wer auf welche Seite klickt.

Woran wer wann wie oft erkrankt.
Wer was und wo und wie viel tankt.
Wie hoch wer wo verschuldet ist.
Bis wann wer wo geduldet ist.

Seit wann warum und was wer wählt.
Zu welcher Käuferschicht wer zählt.
Wie lange wer und was wer guckt.
Wie viel wovon wer wie oft schluckt.

Kurzum: Wer wo mit wem warum und wann –
Das geht euch einen Scheißdreck an!

Stolz 1 Deutscher.

Damit hier keine Missverständnisse aufkommen, möchte ich an dieser Stelle einmal die Gelegenheit nutzen und hier in aller Öffentlichkeit klipp und klar erklären: Ja, ich bin stolz ein Deutscher zu sein!

Wenn ich mir vorstelle, ich wäre zwei oder drei davon – furchtbar! Nein, einer reicht mir voll und ganz!

Und deshalb bin ich auch so froh und glücklich, dass dieses Volk so einzigartig ist auf dieser Welt. Mehr davon würde die Erde auch gar nicht verkraften. Man stelle sich nur einmal vor, im Laufe der letzten hundert Jahre wären noch andere auf so großartige Ideen gekommen wie unsereins:

Blitzkrieg, Weltherrschaft, Holocaust, Weiberfastnacht!

Nein, es kann und darf nur ein deutsches Volk geben.

Die Erfinder von Bembel, Bims und Bummsbomber!

Von Blutwurst, Brunft und Ballermann.

Von Wumme, Wanst, Kartoffelsack –

Zur Mitte, zur Titte, zum Sack – zack, zack!

Nein, meine Damen und Herren: Deutschland, den Deutschen!

Dem deutschen Mann! Der deutschen Frau! Dem deutschen Hund! Obwohl ich finde, der deutsche Hund wird überschätzt. Ich meine: Wenn der Hund der beste Freund des Menschen wäre, ja dann würde er ihm doch nicht vor die Haustüre kacken. Aber das ändert natürlich nichts an der weltgeschichtlichen Übergröße seiner Halterinnen und Halter.

Den Planern und Erbauern zahlloser Autobahnen. Ich denke hier vor allem an das Teilstück zwischen Hagen-Nord und dem Westhofener Kreuz, wo sich tagtäglich zwischen 15 und 18 Uhr die ganze strategische Überlegenheit dieses Volkes beweist. Wer sonst pumpt Millionen und Abermillionen in den Ausbau von Straßen, um sich dann einfach daraufzustellen?

Im Frühstau am Berge wir stehn, fallera!

Es gibt ja Leute, die hören den ganzen Tag Verkehrsnachrichten, und wenn sie dann von einer ungesicherten Unfallstelle auf der A 3 hören, rein ins Auto und nichts wie hin.

Was gibt es Schöneres als 15 Kilometer zähfließenden Verkehr mit Stillstand? Wo finden Sie denn heute in der ganzen Hektik noch so einen richtig schönen Stillstand? Eventuell bei der FDP oder im Hirn von Roland Koch oder in der Warteschleife vom Servicecenter der Deutschen Telekom.

Und gibt es ein schöneres Gefühl als den Tritt aufs Gaspedal, wenn der Stau vorbei ist? Wir danken für Ihr Verständnis! Bitte sehr! Gern geschehn – auf Wiedersehn.

Ja, die deutschen Autobahnen! Freie Fahrt für freie Bürger. Da kommt bei den Angehörigen der Kriechspur-Nationen, die von menschenrechtsverachtenden Tempolimits zur Schnecke gemacht werden, der pure Neid auf.

Sie können zum Beispiel in japanischen Reisebüros Deutschland-Abenteuerreisen buchen: Sieben-Tage-Power-Pirsch im Audi 8 auf den sechsspurigen Jagdgebieten der letzten Bleifuß-Indianer.

Wenn wir Deutschen etwas können, dann ist es Gas geben.

Beispiel Olympia: Warum haben wir denn keine einzige Medaille im Laufen geholt? Weil wir es nicht nötig haben! Das Laufen. Wir nehmen das Auto. Oder wir reiten. Hauptsache: Pferdestärke.

Nein, hoch zu Ross, da macht uns Deutschen keiner was vor. Ich sage nur Dressurreiten! Isabell Werth auf Satchmo. Und dann Hans-Heinrich Isenbart, der Gottvater der deutschen Reitsport-Kommentatoren: »Aus der Passage – in die Piaffe – und jetzt achten Sie einmal auf Pferd und Reiterin, da bewegt sich nichts – sie hat ja das Gefühl für diesen Satchmo – und er macht mir hier gerade im Schritt einen sehr konzentrierten Eindruck.«

Da hocken die Feinschmecker auf der Tribüne und zuhause vor der Glotze, und das Wasser läuft ihnen strömeweise im Mund zusammen, und sie schnalzen genussvoll mit den Zungen, wenn sie an all die dressierten Sauerbraten denken, die da an ihnen vorbeitraben.

Zwischenfrage:
Was macht die Isabell Pferd mit ihrem Werth?

Quatsch! Ich meine natürlich: Was macht die Isabell Werth mit ihrem Pferd? Nun, die Isabell beruhigt das Pferd. Denn so ein Pferd, das ist vor einem Wettkampf immer unheimlich nervös. Und gerade bei der Dressur macht sich das gar nicht gut, wenn der Gaul in der Passage vor lauter Anspannung plötzlich anfängt zu zucken. Also gibt die Isabell dem Tier vorher ein Mittel, ein Beruhigungsmittel.

Fluphenazin heißt das Zeug, und das Dumme ist, dass dieses Mittel auf der Dopingliste steht. Und deshalb versinkt die Frau Werth mitsamt ihrem Pferd zurzeit im Sumpf. Im Dopingsumpf. Und mit ihr die ganze reiterliche Vereinigung.

Das sind ja alles ganz feine Leute in dieser Vereinigung. Die heißen alle Ludger oder Breido oder Meredith oder eben Isabell. Und wenn einer von den Damen- und Herrenreitern mal einfach nur Reiner Klimke heißt, dann aber immer noch Doktor Reiner Klimke. Die kommen eben alle aus der ganz High Society, wie ihr Vorreiter und Präsident, der Breido Graf zu Rantzau.

Ich kenne das noch aus meiner Kindheit. Während wir gewöhnlichen Willis und Hansis auf dem Bolzplatz einer alten, undichten Lederpille hinterherrannten, waren die Ludgers und Breidos dieser Welt beim Reiten. In der Volte. Oder auf dem Parkur. So ein Reitturnier oder Pferderennen das war schon immer der Treffpunkt der ganz Reichen und besonders Schönen.

Tja, und dann stellt sich plötzlich raus, dass diese feine Vereinigung so richtig Dreck am Stecken hat bzw. an der Reitpeitsche.

Meredith Michaels auf Hydroxy-Promazin, Ludger Beerbaum auf Betamethason, Marco Kutscher auf Lactanase, Christian Ahlmann auf Capsaicin und eben jetzt Isabell Werth auf Fluphenazin. All die olympischen Medaillen und Weltcup-Trophäen nur das Resultat von systematischer Gaunerei. Ich glaub mein Pferd pfeift.

Als vor ein paar Jahren der Paul Schockemöhle seine Klepper mit einer Dachlatte geprügelt hat, damit sie höher springen, da haben alle noch gedacht, das wäre ein Einzelfall. Außerdem war ja auch keine Chemie im Spiel. Da hieß das auch nicht Tierquälerei, sondern Barren. Heute weiß man, dass es in den Ställen der reiterlichen Vereinigung genauso kriminell zugeht wie in den Radrennställen der Tour de France.

Wie heißt es so schön in diesem alten Kindervers: »Hoppe, hoppe Reiter, wenn er fällt, dann schreit er. Fällt er in den Sumpf, macht der Reiter plumps.«

Mögen sich die anderen Nationen um die Medaillen balgen in solchen Randsportarten wie Laufen, Schwimmen oder Weitwerfen, wir konzentrieren uns auf die Top-Disziplinen wie Synchronspringen, Dressurreiten oder aufs Schießen.

Obwohl ich da doch ein wenig enttäuscht war. Bei Olympia. Da gab es gerade mal eine Bronzene im Ballern mit der mongolischen Luftpistole und eine Silberne für das Taubenabknallen mit der Schrotflinte.

Und das in einem Land, in dem Millionen von Menschen Wochenende für Wochenende in den Schützenbrüderschaften den Geist der bewaffneten Kameradschaft pflegen.

Motto: Hier treffen Sie Freunde! Und über allem wacht der heilige Blattschuss als Schutzpatron der gekrönten Schützengockel und ihrer Diadem-bereiften Abendkleiderständer.

Nicht zu vergessen die unzähligen Mitglieder der Wehrsportgruppen, in denen sich engagierte Jugendliche in der urdeutschen Disziplin des Stehend-, Liegend- und, wenn's sein muss, auch Hockend-Schießens üben. Und natürlich das Heer der ehemaligen Mauerschützen.

Durchladen, draufhalten, wegballern.

Und wo ist überhaupt das Problem, wenn in diesem Land sieben Millionen Schusswaffen in privater Hand sind?

Nirgends! Denn was wäre der Schießsport für ein Scheißsport, wenn die keine Knarren und Wummen mehr hätten? Da könnten die ihre Schießstände und Schützenheime ja gleich dichtmachen. Und soll ich Ihnen was sagen: Ich persönlich hätte nichts dagegen. Ganz im Gegenteil!

Wenn diese Schießbuden-Figuren denn schon unbedingt irgendetwas treffen müssen, dann sollen sie doch mit Bällen auf Dosen werfen oder mit Dartpfeilen auf Luftballons, das knallt auch, ist aber nicht ganz so gefährlich. Und wenn einer meint, er müsse seine Manneskraft dadurch demonstrieren, dass er mit einem geschulterten Schießprügel durchs Dorf marschiert – ja, dann soll er sich doch einen schnitzen. Oder er nimmt ein Kindergewehr mit so einem Gummisaugnapf im Lauf – Hauptsache: Keine scharfe Munition!

Was soll denn das für ein Sport sein, bei dem irgendwelche Zivilisten darum wetteifern, wer am besten mit einer Feuerwaffe umgehen kann? Mit einer Waffe, die nur zu einem einzigen Zweck erfunden wurde, nämlich, das Leben eines anderen zu bedrohen. Ich begreif es einfach nicht!

Aber ich begreife so vieles nicht. Zum Beispiel das Verhalten der Medien, wenn es um solche Tragödien wie den Amoklauf in Winnenden geht. Statt dass sie die Trauer und Erschütterung der Betroffenen respektieren, fallen sie am Tatort ein wie die Heuschrecken und halten ihre Objektive und Mikrofone auf alles und jeden.

Da prügeln sich die Kamerateams um die besten Plätze beim Trauergottesdienst, da zerren die Journalisten vor Ort die verstörten Jugendlichen vor die Mikrofone, um ihnen irgendwelche Augenzeugenberichte zu entlocken, und auf RTL kommentiert so eine aufgetakelte Reporterin die ganze Situation mit den Worten: »In Winnenden herrscht ein Chaos vom Feinsten!«

Vor dem Haus des Mannes, der den Attentäter zuletzt gefahren hat, stehen die Talkshow-Scouts und Zeitungsagenten Schlange und winken mit den Exklusiv-Verträgen und den Blankoschecks. Wer macht das Rennen? Kerner oder Beckmann? Stern oder Spiegel? Oder hat am Ende doch wieder die Bildzeitung die dreckige Nase vorn? Wie beim Kinderschänder von Heinsberg? Oder beim Inzest-Monster von Amstetten?

Bildreporter im Prozess: »Ich saß nur zwei Meter hinter Fritzl!«

Ja das sind die Schlagzeilen, mit denen man Zeitungen verkauft: Heute Abend bei Kerner – der Mann, der mit Tim im Auto saß. Das bringt Quote, da hocken Millionen Zuschauer fasziniert vor der Glotze, um ja nichts zu verpassen. Denn um die geht es doch: Um die Elendsspanner und Katastrophen-Voyeure, die ein unbändiges Vergnügen daran haben, das Unglück anderer Menschen zu begaffen.

Was war das in Köln nach dem Einsturz des Stadtarchivs für ein Chaos. Da kamen Sie nirgends mehr durch, weil sich Hunderte von Menschen vor der Unglücksstelle drängten, um einen Blick auf die Bergungsarbeiten zu werfen.

»Guck mal, Mutti, da haben die gewohnt und da haben sie die gefunden, und mach noch schnell ein Foto von den Kindern vor der Absperrung, aber guck auch, dass die Schuttberge mit drauf sind.«

Wenn Sie da an einer strategisch günstigen Stelle Eintritt genommen hätten, dann wären Sie heute ein reicher Mann.

So wie in Heinsberg-Randerath. Das ist dieser Ort, wo der Kinderschänder Karl D. nach seiner Haftentlassung bei seinem Bruder Unterschlupf gefunden hatte. Aber dann hat der zuständige Landrat, der brave Stephan Pusch, das öffentlich gemacht. Und seitdem war richtig was los in Heinsberg-Randerath, so mit Live-Schaltung und Direktübertragung und allem medialen Drum und Dran. Da duften dann aufgebrachte Bürger abends in den Nachrichten solche Sachen sagen wie: »Am besten nehmen wir ein Pferd und ein Seil und dann schleifen wir das Schwein solange über die Hauptstraße, bis ihm die Haut in Fetzen vom Leibe hängt.«

Was sind das bloß für Menschen, die solch einen unglaublichen Dreck von sich geben?

Und was ist das bloß für eine perverse Lust, die andere Menschen antreibt, Orte, an denen solche Trauerspiele inszeniert werden, zu besuchen wie einen Vergnügungspark?

»Und was machen wir am Sonntag?« – »Ach, da fahren wir erst zu den Kölner Trümmern, dann machen wir einen Abstecher zum Kinderschänder von Heinsberg und abends beim Abendbrot zuhause gucken wir dann die neusten Bilder aus Winnenden.« – Schöner kann ein Sonntag doch gar nicht sein, oder?

Heimat

Mensch, wie viel tausend Menschen
Leben hier seit anno pief,
Auf eigne Art, im eignen Heim
Und im eignen Mief.
Und die Häuschen so adrett
Und die Nachbarn sind so nett,
Ach, was gäb manch einer, wenn
Er so 'ne schöne Heimat hätt.
Hier hat jeder seinen Platz
Für sein Auto und sein Bett,
Doch so leid es uns auch tut,
Wir sind komplett komplett.

Hier in unserer Heimat,
Hier lässt sich's glücklich sein,
Denn diese eine Heimat
Gehört nur uns allein.

Wir lieben diese Heimat,
Und nicht von ungefähr,
Und eine solche Heimat,
Die gibt kein Mensch gern her.

Mensch, wie viel tausend Menschen
Wandern durch die Welt.
Warum? Was weiß denn ich,
Was denen da gefällt.
Das soll mir auch egal sein,
Ich bleib, wo ich geborn,
Und der, bei dem das nicht so ist,
Der hat hier nichts verlorn.

Von uns will keiner raus,
Doch viele wollen rein,
Und weil wir was dagegen haben,
Mauern wir uns ein.

Dann ist sie uns, die Heimat,
Gehört uns ganz allein,
Und sie wird unsre Heimat
Für alle Zeiten sein.

Wir lieben unsre Heimat,
Und nicht von ungefähr,
Und diese unsre Heimat,
Die gebn wir niemals, niemals her,

Weil sie dann nicht mehr unsere heile Heimat wär,
Weil sie dann nicht mehr unsre schöne, gute, alte,
Saubre, unsre heile Heimat wär.

Und da kann ich machen, was ich will, da schnall ich ab, da hakt's bei mir aus, da krieg ich massive Störungen in der Antennenanlage. Alles, was irgendwie mit Heimat zusammenklebt, sorry: Kein Anschluss unter dieser Nummer. Die Heimat und ich – das ist wie Kardinal Meissner und die Homoehe.

Denn das Problem ist: Ich bin Leverkusener.

Ich habe gar keine Heimat.

In Leverkusen, da gibt es nur eine Stadt, und die hat Stadtteile, und die haben wiederum Straßen, und in denen wohnen die Leverkusener. Und das war's.

Weder die Bewohner von Leverkusen-Opladen-Lützenkirchen noch die Bewohner von Leverkusen-Fettehenne kämen jemals auf die Idee, ein Lied zu machen über Leverkusen-Opladen-Lützenkirchen oder Leverkusen-Fettehenne.

So etwas gibt es da gar nicht! Ich mein, was soll man da auch singen? Unterm Bayer-Kreuz nachts um halb drei? Tja, und dann ist das Lied auch schon zu Ende. Denn unterm Bayer-Kreuz nachts um halb drei ist ähnlich viel los wie im Mitteldeutschen Rundfunk. Und sollte da um diese Zeit einer das Singen anfangen, dann kommt die Polizei.

Oder wie wär's mit: Leverkusen, ich komm aus dir! Da haben Sie noch gar nicht angefangen mit dem Singen, da hört Ihnen schon keiner mehr zu!

Und deshalb hat der Leverkusener keine Heimat. Weil er keine Heimatmusik hat!

Wie heißt es auf den Versen des Heimatdichters Wolf Otto Graf von Fallersleben:

Die Heimat wäre Heimat nie,
Fehlt ihr die Heimatmelodie.

Oder an anderer Stelle:

Der Mensch erst auf die Heimat schwört,
Wenn er sie auch gesungen hört.

Und das Einzige, was der Leverkusener den ganzen Tag hört, ist das paralysierende Grundrauschen der chemischen Großindustrie. Vielleicht hin und wieder mal 'ne Feuerwehr.

Ganz anders beispielsweise in Köln! Da sprudelt aus jeder Ecke ein lostich Leedche, da wimmelt es nur so von den herrlichsten Melodien, beeindruckendsten Gesängen und extrem gemütvollsten Balladereien.

Da heißt es: Singe, wem Gesang gegeben, und wem nicht, der singt daneben! Ich würde sagen: Köln hat mehr Heimatliedersänger als Bayer Leverkusen Pokale in der Vitrine.

Ich denke mal, es sind insgesamt – wenn wir jetzt mal das gesamte Spektrum sehen, von de vier paar Eier über de Lallaplüs bis zum Klütte-Pop – also, dann sind das bestimmt tausend. Und jetzt lass von denen jeder nur drei Heimatlieder im Jahr rausbringen, dann sind das 3000 im Jahr, das heißt 30 000 in zehn Jahren – und da ist das ganz alte Zeug noch gar nicht dabei.

Und das Irre ist: Diese Legionen von Heimatliedersängern haben alle in allen ihren Heimatliedern nur ein Thema: die Heimat! Wie gesagt, da fehlt dem Leverkusener was.

Was der Leverkusener allerdings kennt, das sind die Heimatvertriebenen, liebevoll »Pimocken« genannt. Ich selbst bin ja auch halbvoll mit Pimockenblut.

Aber bei mir hat das nichts genützt.

Der Pimocke an sich ist ja auch sehr heimatbesessen. Wenn es das damals schon gegeben hätte, dann wären die mit so T-Shirts durchs Dorf gelaufen: »Ich bin stolz, ein Pimocke zu sein.« Und die aus dem Dorf hätten sie mit Scheiße beschmissen.

Und das wär heut noch so!

Jetzt soll ja für all die Millionen von Vertriebenen in Berlin endlich ein Zentrum für Vertreibung gebaut werden.

Bin mal gespannt, ob es da auch eine Abteilung gibt zum Thema: Wie die Deutschen im Westen ihre vertriebenen Brüder und Schwestern aus dem Osten nach '45 willkommen hießen.

Und dann werden dann da all die Pappschilder und beschrifteten Bettlaken ausgestellt, mit denen die Einheimischen die geschundenen Flüchtlinge begrüßt haben: »Haut ab – wir haben selber nichts!«

Oder: »Vor dem Betreten der Ortschaft Entlausungsanlage aufsuchen!« Oder, auch sehr schön: »Unser Dorf bleibt polackenfrei!« – Das Schild hatten sie noch von vor dem Krieg. Da haben sie die Juden einfach überklebt.

Das waren ja alles fromme Leute, die Einheimischen. Wenn die einen Flüchtlingstreck auf ihren Ort zukommen sahen, dann sind die auf die Knie gefallen und haben gebetet:

Herrgott im Himmel, sieh unsere Not,
Wir Bauern haben kein Fett und kein Brot.
Die Flüchtlinge fressen sich dick und fett
Und stehlen unser letztes Bett.

Wir verhungern und leiden große Pein.
Herrgott, schick das Gesindel heim.
Schick sie zurück in die Tschechoslowakei,
Herrgott, mach uns von diesem Dreckzeug frei.
Sie haben keinen Glauben und keinen Namen,
Die dreimal Verfluchten, in Ewigkeit Amen.

Ganz anders natürlich im Rheinland. Da hat man das Ganze mit mehr Humor angepackt. Da schallte es schon beim ersten Karneval nach dem Krieg aus allen Trümmern: »Am dreißigsten Mai geht ein Flüchtlingstransport, ach wären se schon fott, sonst schlagen mer se kapott!«

Und das waren ja damals Deutsche, Volksdeutsche. Also quasi Brüder und Schwestern im Blute. Wie furchtbar muss das erst gewesen sein, als keine 20 Jahre später der erste Ausländer nach Deutschland kam.

Ich mein, Königsberger Klopse, Schlesisches Himmelreich und Pommersche Grützwurst, das waren ja schon ziemlich unverdauliche Brocken – aber bei Pizza, Bifteki und dem lustigen Bosniak, da hört der Spaß aber auf.

Klar, da macht man anfangs schon mal den einen oder anderen Witz. Wie zum Beispiel den mit dem Deutschen, der am Samstagnachmittag sein Auto waschen will und erst einmal einen Eimer Wasser über die Karre schüttet. Da geht der Nachbar, ein Türke, hin und sägt bei seinem Auto den Auspuff ab. Fragt der Deutsche: »Was soll das denn?« Sagt der Türke: »Wenn du deinen taufst, kann ich meinen beschneiden.«

Oder der mit den beiden türkischen Jungs, die im Pornokino sitzen und der eine fragt den anderen: »Ey, hassu Erektion?« Sacht der andere: »Bissu schwul, ich hab Nokia.«

Ja, da lacht man erst mal so spontan, aber irgendwann merkt man doch, wie einem das Lachen im Halse stecken bleibt, weil man weiß, die ganze Angelegenheit ist in Wahrheit gar nicht lustig. Denn der Ausländer zeichnet sich bis heute vor allem dadurch aus, dass er verantwortlich ist für eines der größten Probleme, das unser Inland kennt: das Ausländerproblem.

Das betrifft natürlich nicht die Ausländer, die sich nur vorübergehend im Inland befinden, wie Touristen oder Asylbewerber. Die einen schieben irgendwann wieder ab, die anderen werden abgeschoben.

Zum Problem wird der Ausländer erst, wenn er beschließt, auf Dauer im Inland zu bleiben. Denn damit macht er sich im

Inland äußerst unbeliebt, und er wird sehr schnell zum Scheißausländer.

Da kann er ein Leben lang einer geregelten Arbeit nachgehen, kann Steuern, Krankenkassen- und Rentenbeiträge zahlen,
kann Prinz Karneval oder Schützenkönig werden, kann Bratwurst essen, den Ententanz tanzen und Musikantenstadel gucken – am Ende bleibt er doch, was er ist, und deshalb immer
bleiben wird: ein Ausländer. Dasselbe gilt für seine Kinder und
Kindeskinder, die – obwohl sie in Wahrheit alle von hier sind –
für die, die von hier sind, nicht von hier sind, und deshalb hier
eigentlich auch nicht hingehören.

Und genau da ist das Problem. Da werden Leute, die seit Generationen im Inland leben, und zwar in der Regel friedlich
und mittlerweile unentbehrlich für das Funktionieren des ganzen Inlandbetriebs, nach wie vor als Ausländer bezeichnet und
so von den Inländern ausgegrenzt.

Und deshalb mein Rat an alle sogenannten Ausländer: Haut
einfach ab! Und zwar alle und am besten morgen schon. Ich
sage euch, es dauert keine zwei Wochen, dann kommen die Inländer auf Knien gekrochen und flehen euch an, zurückzukommen. Weil dann haben sie das, von dem sie zurzeit nur glauben,
dass sie es haben: ein echtes Problem.

Das weiß die Mehrheit der Deutschen auch. Und trotzdem
haben die meisten dieses Problem. Sogar im Urlaub. »Ja, also
Antalya? Wunderbar! Einziges Problem: Wenn man die Anlage verlassen hat, überall Türken. Da müssen sie noch was dran
machen. Türken haben wir zuhause auch. Da brauch ich nicht
für in Urlaub!« – Ach ja, die Deutschen und ihr Urlaub …

»Urlaub«

Das ist die allerschönste Zeit im Jahr.
Da werden all die schönen Träume wahr.
Da darf der Mensch ganz einfach Mensch nur sein.
Da werden all die großen Sorgen klein.
In dieser allerschönsten Zeit im Jahr,
Da ist das Leben einfach wunderbar!

In diesem Jahr ging's wieder nach Sizilien,
Da hat ein Freund von uns diverse Immobilien.
Die stehen da am schönsten Strand der Welt,
Die kannst du mieten für ganz kleines Geld.

Am Strand da wurd es tagsüber schon eng,
Und wenn wir ehrlich sind, dann roch es auch sehr streng.
Das kam von diesen beiden schwarzen Toten
Aus diesen überfüllten Flüchtlingsbooten,
Die auf das große Glück im Westen hoffen.
Am Ende sind sie dann doch nur ersoffen.

Drei Tage lagen die da schon am Strand.
Ich sag noch: Mensch, das ist ja allerhand!
Wie soll man denn hier liegen und was lesen,
Wenn nebenan die Nichtschwimmer verwesen?

Man atmet durch den Mund und wartet nur
Vergeblich auf die Müllabfuhr.

Und so was in der schönsten Zeit im Jahr,
Da denkst du nur, das ist doch jetzt nicht wahr,
Das ganze Elend hier, das hab ich nicht bestellt.
Das ist echt schade um das schöne Urlaubsgeld.
Wenn wir zuhause sind, wird erst mal reklamiert,
Damit so etwas niemals mehr passiert.

Nach diesem Frust, da wollt ich's mir mal zeigen
Und gut erholt 'nen Achttausender besteigen.
Da wird dein Ego rundum aufgepeppt,
Derweil ein Sherpa dein Gepäck hochschleppt.

Am Wegesrand, da stehen Iglu-Zelte.
Da liegen Tiefgefrorne in der Kälte.
Da stehst du vor und bist total geschockt,
Und plötzlich kommen auch noch Jogger angejoggt.
Die siehst du erst mit vollem Tempo stapfen
Und etwas später siehst du sie als Zapfen.

Auch ich wär oben niemals angekommen,
Hätt mich mein Sherpa nicht Huckepack genommen.
Kurz vor dem Gipfel ist er kollabiert,
Den hat die Aussicht gar nicht interessiert.
Der hat sich's dann im Schnee bequem gemacht,
Mich hat der Hubschrauber zurück ins Tal gebracht.

Und so was in der schönsten Zeit im Jahr,
Da denkst du nur, das ist doch jetzt nicht wahr.
Das ganze Elend hier, das hab ich nicht bestellt.
Das ist echt schade um das schöne Urlaubsgeld.
So viel steht fest: Im Urlaub nächstes Jahr,
Da fahren wir zum Zelten an die Ahr.

Ernste Themen

An dieser Stelle muss ich den heiteren Teil des Buches kurz unterbrechen und ein ernstes Thema ansprechen. Thema: Menschenrechte. Schwerpunkt: Tibet.

Tibet? Erinnert sich jemand? Das war dieses Land, das während der Olympischen Spiele in Peking allen Menschenrechtsfreunden ein Herzensanliegen war.

Jetzt sind die Spiele vorbei, aber an den Verhältnissen hat sich nichts geändert! Außer dass sich kein Mensch mehr dafür interessiert.

Wobei ich mich schon damals gefragt habe: »Warum ausgerechnet Tibet? Was ist mit Georgien, mit Tschetschenien, mit dem Iran, mit Ruanda, von Afghanistan und dem Irak ganz zu schweigen?«

Was hat ausgerechnet Tibet, das andere von Völkermord und Unterdrückung heimgesuchte Länder nicht haben? Ganz einfach: Tibet hat den Dalai Lama!

Den ulkigen Herrn des weißen Lotus, auch »Ozean der Weisheit« genannt.

Nach einer vom Spiegel in Auftrag gegebenen Meinungsumfrage ist der Dalai Lama in Deutschland inzwischen beliebter als der Papst. So weit ist es gekommen. Da wird der Stellvertreter Christi auf der Beliebtheitsskala abgehängt von einem grinsenden Mönch aus dem Himalaya.

Und dabei ist der Papst Deutscher, hat viel schönere Klamotten und er weiß, was Grinsen auf Lateinisch heißt.

Gut, wenn man dann so hört, wie er immer mal wieder auf die harmlosen Protestanten eindrischt und sie zur kirchenähnlichen Gemeinschaft runterkanzelt, dann bekommt man eine Ahnung, was sich hinter dem apostolischen Grinsen verbirgt: ein knallharter Hüter des rein katholischen Werks Gottes, lateinisch: Opus Dei.

Ganz anders der Dalai Lama. Der lächelt und alle wissen: Das war's. So nach dem Motto: Der tut nichts, der will nur spielen. Und genau das ist es, was die Menschen so fasziniert. Dieses unvergleichliche Lächeln des Lamas, das ihnen sagt: »Ach kommt, macht mal halblang. Geht erst einmal in euch und wenn ihr wieder rauskommt, dann sieht die Welt ganz anders aus.«

43 Prozent aller Deutschen finden den Buddhismus sympathischer als den hierzulande verbreiteten Aberglauben.

Und das Tolle ist: Kaum einer weiß, warum. Da heißt es: Wenn wir schon von der eigenen Religion keine Ahnung haben, dann nehmen wir in Zukunft eine, von der wir gar nichts verstehen.

Die sind alle nur begeistert vom Charisma des Mantra-Fahrers in der dunkelroten Kutte und mit dem ulkigen Brillengestell auf der gottgleichen Nase.

Der Spiegel nannte ihn seinerzeit den »Gott zum Anfassen«.

Und weil der kahle Lama eben nicht so aussieht, als könne man sich an ihm die Finger verbrennen, deshalb packen alle zu. Und dabei hat ihnen der große Meister die Wahrheit doch höchstpersönlich ins Poesiealbum geschrieben.

Ich zitiere: »Alle Erleuchteten sind voll des Wissens, aber sie haben von nichts eine Ahnung.«

Zum Beispiel meine Nachbarin. Also die ist so was von erleuchtet, dagegen ist jede Energiesparbirne 'ne trübe Funzel.

Die war ganz früher im KB-Nord, im Kommunistischen Bund Nord; das war diese Sekte, in der sich auch der Trittin seinen Dachschaden geholt hat, und da war die lange Zeit in der Gehirnwäscherei beschäftigt. Und seitdem hat sie dieses Vakuum im Apparillo. Das versucht sie jetzt mit allen esoterischen Mitteln zu füllen. Mal mümmelt sie die ganze Woche nur handgekloppte Hirsefladen mit marokkanischer Nanaminze und begleitet sich dabei auf der zweisaitigen Pferdekopfgeige,

dann ist sie tagelang auf Kokmok, das ist so ein tribaler Taumeltropfen, und dann taumelt sie rund um die Uhr zu den Kehlkopf- und Obertongesängen der Freunde der Yum-Yum-Rituale,

und dann wieder verwandelt sie das heimische Wohnzimmer beim rituellen Tanz um die heilige Yucca-Palme in einen mehrstöckigen spirituellen Raum.

Seit neuestem steht sie voll auf Feng-Shui – ja, da legt sie wohl irgendwelche rohen Fische in die Zimmerecken, damit die schlechten Energien verfaulen, ich weiß es doch auch nicht.

Auf jeden Fall hat sie seit einiger Zeit auf ihrem Balkon eine Wäscheleine und daran hängen so kleine farbige Läppchen.

Neulich habe ich sie gefragt, wie lange sie ihre Rotzfahnen eigentlich noch hängen lassen will, na, da war aber Tantra im Mantra.

Das wären keine Rotzfahnen, sondern original tibetische Gebetstücher, gefertigt von original tibetischen Kindermönchen – ich sag noch: »Na solange es keine Mönchskinder sind!«, na, da wurd die aber so richtig sauer.

Sie hätte diese Gebetstücher bei der Geburt ihres Sohnes Ratschni Ranschi aufgehängt, damit der von Anfang an ein gutes Karma bekommt. Ich frag sie: »Was steht denn da drauf, auf Ihren Gebetsläppchen?« Ja, das wüsste sie jetzt auch nicht so genau, aber Hauptsache gutes Karma.

Da wollen wir mal hoffen, dass sie auch die richtigen Tücher gekauft hat, am Ende sind das nur irgendwelche Gebete an den Wettergott, und der Junge steht für den Rest seines Lebens mit 'nem Wasserkopf im Regen.

Aber das kann eigentlich gar nicht passieren. Denn die Mutter tut wirklich alles für das Kind. Das ist zwar gerade erst neun Monate alt, lernt aber jetzt schon Chinesisch. Trotz der tibetischen Gebetsläppchen.

Weil das müssen jetzt alle Kinder aus gutem Hause: Chinesisch lernen! Und zwar am besten schon im Mutterleib.

Wie? Das haben Sie gar nicht gewusst? Na dann gehören Sie wahrscheinlich zu den bildungsfernen Hinterwäldlern, die nicht begriffen haben, dass die berufliche Zukunft ihrer Sprösslinge lange vor dem ersten Schultag beginnt. Wenn die bedauernswerten I-Dötze von heute bei der Einschulung nicht mindestens die Grundrechenarten, die Kommaregeln und wenigstens eine Fremdsprache beherrschen, dann können Sie sich das mit der Schule eigentlich gleich ganz schenken.

Dann reichen im Prinzip eine Anmeldung bei der örtlichen Arbeitsagentur und ein Antrag auf die vorzeitige Einstufung als Hartz-IV-Empfänger.

Denn während die Kinder der ahnungslosen Bildungsverweigerer die ersten sechs Jahre ihres Lebens damit vertrödeln, irgendwelche sinnlosen Spiele zu spielen, hockt Hänschen Spitzenverdiener von übermorgen schon ganztags in den diversen frühkindlichen Bildungseinrichtungen und lernt all das, was der durchschnittliche Normal-Hans nimmer mehr lernt. Zum Beispiel Chinesisch.

Da gibt es bilinguale Krabbelgruppen, in denen kriegen die kleinen Hosenscheißer die Grundlagen der chinesischen Sprache quasi in die Pampers gewickelt. Und warum? Weil ihre schlauen Eltern wissen, dass es gar nicht mehr so lange dauert, bis die Chinesen den gesamten Welthandel dominieren.

So habe ich erst gestern gelesen, dass der deutsche Staubsauger-Hersteller Vorwerk seine wirtschaftliche Zukunft ab sofort im Reich der Mitte finden will, wo Millionen und Abermillionen chinesische Hausflauen nur darauf warten, von kundigen Vorwerkvertretern in die hohe Kunst der perfekten Staubsaugerei eingewiesen zu werden.

Tja, und wenn Sie dann außer Chopsuey und Bihun kein einziges Wort chinesisch sprechen, dann können Sie gleich zuhause bleiben. Dann machen die bilingual getrimmten Früherzogenen in Ostasien mit dem Verkauf von Hochdruck-Staubsauger-Komplett-Paketen das große Geld, und Sie bleiben hier hungrig auf dem gesättigten Markt und verhökern allerhöchstens noch ein paar Staubsaugerbeutel.

Ich kenne Eltern, die lassen ihre Kinder schon auf Chinesisch taufen und geben ihnen in weiser Vorausschau Namen, die ihre zukünftigen chinesischen Geschäftspartner auch problemlos aussprechen können, wie zum Beispiel Wolf-Jang.

Jetzt gibt es da allerdings eventuell ein Problem. Denn wenn dieser chinesische Wirtschaftsboom in zwanzig Jahren als Heißluftblase platzt, und stattdessen – sagen wir mal – Indien das weltwirtschaftliche Rennen macht, dann wird das nichts mit der Karriere im internationalen Außendienst.

Denn Chinesisch und Indisch haben in etwa so viel miteinander zu tun wie eine glückliche Kindheit mit der frühkindlichen Hochleistungszucht.

Dann bleibt am Ende nur ein Aushilfskellner-Job in einem örtlichen China-Restaurant. Und da hätten dann Chopsuey und Bihun auch gereicht.

Aber – wollen wir mal nicht flapsig werden, immerhin geht es um die Zukunft der Kinder. Jetzt habe ich allerdings keine Kinder. Und ich muss ganz ehrlich sagen: Ich bin froh drum. Was haben die Kinder heutzutage für ein ödes Leben.

Die einen werden von ihren besessenen Eltern schon im Kleinkindalter gefoltert mit Lernspielzeug, Geigenstunden und Chinesisch-Kursen, die anderen verkommen im abgehängten Prekariat und kriegen quasi von Geburt an »aussortiert« auf die Stirn gestempelt.

Und wenn mir dann wieder mal so eine Prachtmammi oder so ein Musterpappi mit dem Spruch kommt: »Ach, du hast doch gar keine Kinder, du kannst doch gar nicht mitreden«, dann kann ich nur sagen: »Ich wüsste auch gar nicht, was ich sagen sollte.« Wenn es um die Zukunft der Kinder geht, dann verschlägt es mir einfach die Sprache.

Die Vereinten Nationen haben vor kurzem eine Umweltkampagne gestartet, und im Infomaterial zu dieser Kampagne gibt es ein Foto. Da irrt ein halbnackter kleiner Junge über eine Müllkippe im ostindischen Assam und um ihn herum nur so große hässliche Aasfresservögel, die auf Ratten und Schlangen lauern.

Was denken Sie, wenn Sie ein solches Bild sehen? »Wie gut, dass Indien so weit weg ist.«

Oder: »Ich sollte mal wieder ein paar Klamotten in die Altkleidersammlung geben.«

Oder: »Hoffentlich besteht mein Sohnemann die Aufnahmeprüfung in der multilingualen Krabbelstube.«

Denn darum geht es doch: Um die Kinder und um ihre Zukunft. Wer will schon, dass der eigene Nachwuchs irgendwann zu den Minderleistern gehört?

Ah, Minderleister! Was für ein Wort!

Ich muss zugeben, das Wort habe ich nicht erfunden, sondern ich habe es da aufgeschnappt, wo sich die Mitglieder der selbsternannten Leistungselite die faulen Eier zuwerfen. Und diese Leute haben ein Problem: Die denken nämlich, sie wären etwas Besseres und müssten deshalb auch besser behandelt werden.

Und vor allem wollen die unter sich bleiben.

Elite-Universitäten,

Elite-Schulen,

Elite-Kindergärten –

sobald so ein zukünftiges Mitglied der besseren Kreise auf die Welt kommt, muss es geschützt werden. Und zwar vor jedem Kontakt mit dem gemeinen Pöbel, weil dessen Lethargie und Leistungsverweigerung den hochsensiblen Elite-Proppen möglicherweise anstecken und aus der Hochleistungsbahn werfen könnte.

Das ist wie bei den Kartoffeln. Da reicht eine faule Knolle, und ruck, zuck verschimmelt die ganze Kartoffelkiste und ist im Nu ungenießbar. Nehmen wir zum Beispiel den Gottfried Ludewig.

Der Gottfried Ludewig ist Mitglied der CDU und Bundesvorsitzender des Rings Christdemokratischer Studenten, so eine Art Backofen für künftige CDU-Spitzen-Fritten. Und der hat eindrucksvoll bewiesen, was für einen unglaublichen Brei sich so eine echte Elite-Kartoffel zusammenpürieren kann.

Da hat er nämlich gefordert, den Rentnern und Hartz IV-Empfängern das Wahlrecht abzuerkennen und dafür die Leistungsträger dieser Gesellschaft mit einem doppelten Stimmrecht auszustatten.

Natürlich haben da gleich alle gesagt: »Mensch, der Ludewig, der ist ja völlig durchgebraten, das kann man doch nicht machen! Wenn man die Armen und Schwachen aus der Gesellschaft ausklammert, das rüttelt doch an den Grundfesten unseres Sozialstaats.«

Und genau darum geht's!

Sie wollen den Sozialstaat abschaffen.

Diejenigen, die hierzulande in Saus und Braus leben, haben einfach keinen Bock mehr, all die Hungerleider und Minderleister durchzufüttern.

Da, wo früher den hungrigen Hunden der eine oder andere Knochen zugeworfen wurde, da hocken die Nimmersatten und Allesfresser heute am üppig gedeckten Tisch und schmeißen die Reste lieber auf den Müll.

Und die Müllcontainer werden mit Ketten verschlossen, damit sich ja niemand was rausnehmen kann. Wenn Sie diesen feinen Leuten mit Armut kommen, dann heißt es nur:

»Hören Sie mal, Deutschland ist eines der reichsten Länder dieser Erde, da kann es gar keine Armut geben.

Gehen Sie doch mal rein in einen gewöhnlichen Supermarkt. Ja da gibt es doch alles. Und vieles sogar mehrmals. Und wenn Sie sich nichts kaufen können, dann liegt das daran, dass Sie kein Geld haben, und wenn Sie kein Geld haben, dann müssen Sie eben arbeiten gehen, und wenn Sie damit kein Geld verdienen, dann müssen Sie sich eben eine andere Arbeit suchen!

Armut, Armut, jetzt gehen Sie mir doch weg mit Ihrer Armut. Fahren Sie mal nach Indien oder nach Afrika oder nach Russland, dann können Sie sich mal angucken, was Armut heißt.

Für die Kohle, in der hierzulande aber auch noch der letzte Hartz-IV-Empfänger schwimmt, für die Kohle setzen sich Tag für Tag Hunderte von Afrikanern in irgendwelche morschen Paddelbötchen und ersaufen jämmerlich im Meer.«

In der Unterschicht

Die Welt ist ein Wohnklo im 13. Stock,
Da hat keiner auf nichts und auf niemanden Bock.

Der Fernseher läuft quasi rund um die Uhr,
Und das Einzge, was blüht, ist die Schimmelkultur.

Die Mutter kriegt Kinder, der Vater Hartz IV.
Das Geld, das geht drauf für Zeretten und Bier.

Zum Frühstück vier Flaschen, zum Mittag noch drei,
Den Rest dann am Abend und der Tag ist vorbei,

In der Unterschicht, in der Unterschicht,
In der Unterschicht.

Nicht oben, nicht unten, nicht arm und nicht reich.
Nicht Pott und nicht Deckel, nicht Fisch und nicht Fleisch.

Nach oben geht's nicht mehr, da kommt keiner rauf,
Nur die Falltür nach unten steht sperrangelweit auf.

Der Sohnemann kommt nur besoffen nach Haus.
Was die Tochter auch frisst, sie kotzt's gleich wieder aus.

Der Bofrost-Mann macht für die Mutti den Hengst.
Dass ihr Mann in den Puff geht, ja das weiß sie doch längst.

In der Mittelschicht, in der Mittelschicht,
In der Mittelschicht.

Da, wo die Zehntausend die Oberen sind,
Da stinkt es erbärmlich auch gegen den Wind.

Der Gestank zieht hinaus in den Rest der Welt,
Weil die machen hier oben aus Scheiße ihr Geld.

In der Oberschicht, in der Oberschicht,
In der Oberschicht.

Und jetzt kommen wir endlich zur Moral der Geschicht',
Wo auch immer du herkommst, Mensch ärgre dich nicht.

In was für 'ner Schicht deine Wiege auch stand,
Für mich hier persönlich ist das uninteressant.

Denn am Ende, da kommt er, der Sensemann,
Und wir fahren zur Hölle und da trifft man sich dann.

In der Unterschicht, in der Unterschicht,
In der Unterschicht.

Parademarsch

Und damit kommen wir zum Höhepunkt dieses Buches, nämlich zur großen Parade aus Anlass des 60. Geburtstags der Bundesrepublik Deutschland, eine der größten Spaßparaden aller Zeiten.

Organisiert von der »Initiative Soziale Marktwirtschaft«, der Aktionsgemeinschaft »Du bist Deutschland« und dem Zentralorgan der neudeutschen Megaspaßgesellschaft, der Bildzeitung, hat diese Superparade einen einzigen Zweck, nämlich, die phantastische Stimmung des Jahres 2009 auf die Straße zu bringen und so ein positives Zeichen für die Zukunft Deutschlands zu setzen.

Und natürlich fragen wir uns: »Wer wird sie anführen?«

Wer marschiert an der Spitze dieses Karnevals der Monokultur, dieser einzigartigen Manifestation des neudeutschen Leistungswillens, der frisch auferstandenen Lust am unbeschwerten Patriotismus und am hemmungslosen Ausleben all der völkischen Gefühle, die so lange in der Zwangsjacke aus ewiger Erbschuld und krampfhafter Vergangenheits-Vergewaltigung eingeklemmt waren.

Da wurden im Vorfeld natürlich viele Namen gehandelt, von Franz Beckenbauer, dem kaiserlich-überbayerischen Prachtrammler,

über Altpräsident Friedrich von Weizsäcker, dem mittlerweile doch leicht angekalkten Herrenreiter aus der Zunft derer von und zu auf und davon, bis hin zum Gewinner der letzten Staffel von »Deutschland sucht den Suppenstar«, als idealtypischem Vertreter eines neuen, eines ewig jungen Deutschlands, das nicht nur bereit ist, alles Gewesene zu vergessen, sondern auch selbst auf der Stelle vergessen zu werden.

Hin und wieder hörte man im allgemeinen Gemunkel sogar Stimmen munkeln, die meinten, es werde eine Frau sein, also eine Führerin, um jede eventuell aufkeimende Diskussion über einen neuen Führerkult gleich im femininen Keim zu ersticken. Und auch hier war die Liste der potentiellen Kandidatinnen natürlich lang.

Ganz oben naturgemäß Eva Herman, die in den letzten Jahren immer mal wieder eindrucksvoll unter Beweis gestellt hat, wozu so ein blondes und ganz und gar blauäugiges Musterexemplar neudeutscher Prinzipientreue fähig ist. Ja, das Prinzip Eva! Da sieht der eine braun, und der andre sieht schwarz.

Außerdem ganz oben auf der Liste Namen wie Charlotte Roche, die fidele Feuchtgebietsleiterin mit dem untrüglichen Gespür dafür, wo das Warme rauskommt,

Alice Schwarzer, die allgegenwärtige Tante Emma aus dem Tante-Emma-Laden mit dem Bundesverdienst am Hohlkreuz,

und natürlich Erika Steinbach, Deutschlands oberste Vertriebene vom Bund der Vertriebenen, die allerdings darauf bestanden hat, in einem eigenen Zentrum für Vertriebene an der Parade teilzunehmen.

Wie dem auch sei, die Zeit der Spekulationen ist in wenigen Augenblicken vorbei, denn mit einem schier ohrenbetäubenden Lärm kündigt sich soeben die Ankunft der großen Parade an, und ich sehe, ganz vorn, an der Spitze, ja, ist es denn die Möglichkeit, es ist tatsächlich Günter Grass, der verzottelte Riesenschnauzer unter den deutschen Dichterwürsten.

Er hat sich zur Feier des Tages noch einmal in seine alte SS-Uniform gezwängt und trägt voller Stolz auf einer uralten Leibstandarte das Motto des heutigen Aufmarschs.

Es wurde vom Literaturnobelpreisträger eigenhändig in Sütterlin auf die morsche Pappe kalligrafiert: »Deutsch zu sein bedarf es wenig, und wer deutsch ist, ist ein Kenig.«

Jetzt weiß man nicht, ob man die leichte orthografische Unsicherheit mit der preußischen Vergangenheit des Dichters oder mit seiner fortschreitenden Debilität entschuldigen soll – ach, Schwamm drüber, verbuchen wir es einfach unter dichterischer Freiheit, und die beherrscht der Grass ja aus dem Effeff.

Der infernalische Lärm kommt übrigens von über hundert hinter ihm marschierenden SS-Veteranen, die ihre schwarzen Uniformen gegen hübsche Blechtrommler-Kostüme eingetauscht haben, und wie sie da in kurzen Hosen im Gleichschritt vor sich hin tattern, die Totenköpfe frisch gescheitelt und dabei auf ihren Blechtrommeln einen ungeheuren Blech zusammentrommeln – also, das ist wirklich ein Auftakt nach Gardemaß.

Und dem Gardemaß folgt auf dem Fuß das Versmaß, sozusagen auf dem guten alten deutschen Versfuß.

Denn hier kommt als erste Mottogruppe die Aktion »Lebendiges Deutsch« mit ihrem Motto »Deutsch sprechen, deutsch denken, deutsch sein«.

Angeführt vom Präsidenten des deutschen Lehrerverbands, der scheinbar auch nichts Besseres zu tun hat, marschieren so ausgezeichnete Sprachschrumpfgermanen wie Hans-Olaf Henkel, dessen allwöchentliche Kommentare in der Bams mit dem Bimms im Bumms zu dem Flüssigsten, um nicht zu sagen Überflüssigsten gehören, was die deutsche Publizistik so hervorröchelt,

Paul Kirchhof, der alte Steuertrottel vom abgehobenen Dienst, und Reinhard Mey, der quasi ganz hoch über den Wolken einen mächtigen Kuckuck im eigenen Heim sein eigen nennt.

Sie alle haben es sich zur Aufgabe gemacht, in Zeiten, in denen das deutsche Volk Klopstock und Schlegel für Instrumente der Selbstverteidigung hält, die deutsche Sprache von allem fremdländischen Einflüssen zu reinigen. »Prallkissen« statt »Airbag«, »Klapprechner« statt »Laptop« und »Schauarena« statt »Public Viewing« – das sind Beispiele für das furchtbare, eh, fruchtbare Wirken der Sprach-Arisierer.

Und was für eine abgestandene Buchstabensuppe in diesen Prachtschädeln schwappt, das zeigt sich beispielsweise an ihren Vorschlägen für die Übersetzung der unseligen »No-go-Area«: »Bleib-weg-Region«, »Halt-dich-raus-Gegend« oder »Nix-wie-weg-Fleck«, das sind sprachliche Ungetüme, wie sie nur ein durch und durch eingedeutschtes Philologen-Hirn hervorspeien kann.

Und wer's nicht glaubt, der besuche die Website, Entschuldigung, den Klapprechner-Auftritt der Aktion »Lebendiges Deutsch«, wo Monat für Monat eines dieser grässlichen Denglisch-Fremdkörper von den Mitgliedern der Aktion zur Strecke gebracht wird.

In diesem Monat ist es übrigens das Fremdwort »Fastfood«. Im Angebot bisher: Haps, Schlung, Schmampf, Dampfmampf, Hatzfraß, Trottelfutter und Ruckizuckifutti.

Der Präsident der Aktion hat es sich übrigens nicht nehmen lassen, das offizielle Grußwort zur heutigen Veranstaltung eigenhändig in die Analen dieses Jahrtausendereignisses einzumeißeln. Ich zitiere:

Bembel, Bimms, Kanonenschlag,
Blutwurst, Mordsdurst, Vatertag,
Wumme, Wanst, Kartoffelsack,
Zur Mitte, zur Titte, zum Sack, zack, zack!

Schwipp, schwapp schwabbert Weste-Wampe,
Trick, track sabbert Schlager-Schlampe,
Klipp, klapp klappert Reste-Rampe.

Zicke, zacke Hühnerkacke,
Picke, packe Bummsbaracke,
Saftsack plappert Plemplem-Pampe.

Dumpf klotzt Krawatte,
Plum kotzt Rabatte,
Rabimmel, Rabammel, Rhabarber-Kompott.

Drall dreistet Beknackter,
Prall feistet Versackter,
Hoch Himmel! Heil Hammel! Geh weiter! Grüß Gott!

Du nix verstehn?
Du hause gehn!
Ruck, zuck auf Nimmerwiedersehn.

Tja, auf Nimmerwiedersehen, das ist wohl ein gelungenes
Schlusswort für diese geistige Fußgruppe. Sie wird verfolgt
vom ersten Mottowagen des heutigen Umzugs, ein zur Tüncheschleuder umgebauter Wasserwerfer der Initiative: »Unser
Deutschland soll schöner werden!«.

Ein einmaliger Zusammenschluss all der Berufs- und Interes-
sengruppen, die es sich zur Aufgabe gemacht haben, das deutsche Land und die deutschen Menschen zu verschönern, koste
es, was es wolle.

Da marschieren Schönheitschirurgen neben Sonnenbankiers,
Anabolika-Dealer neben Hundefriseuren, Intimschmuck-Ver-
käufer neben Terrakotta-Kotzkübel-Designern.

Ganz oben auf ihrem Mottowagen hockt, ich kann es noch nicht richtig erkennen, ist es ein Zwerg? Ist es ein Strichmännchen? Nein, es ist Karlchen Lagerfeld. Er hängt an einer vollautomatischen Fettabsaugmaschine und erinnert so an die 150 000 Fettabsaugungen, die jährlich in diesem Land ca. 225 000 Liter abgesaugtes Fett produzieren, Fett, das dankenswerterweise der Aktion »Fett für die Welt« kostenlos zur Verfügung gestellt wird.

Karlchen Lagerfeld und seine beiden Assistentinnen Bullemie und Kannimie werfen Pröbchen mit Anti-Cellulite- und Anti-Falten-Cremes, Produkte, die nachweislich zu nichts, aber auch zu gar nichts nütze sind und damit den Geist dieser Parade so treffend symbolisieren.

Ebenfalls mit auf dem Wagen fährt die frisch implantierte Miss Botox, sie sitzt ganz vorne in der Tüncheschleuder, und sobald auf dem Zugweg eine heruntergekommene Fassade erscheint, setzt sie die Schleuder in Gang, und dann heißt es »Tünche Marsch!«, und die Mitglieder der Aktion »Unser Deutschland soll schöner werden!« rezitieren freihändig aus dem Handbuch für Städteplaner:

Da ist schon wieder ein neuer
Hässlicher Fleck am Gemäuer!
Das ist nicht gut, gar nicht gut.
Da sind neue Risse!
Lauter Ärgernisse!
Da ist's nötig, dass man etwas tut!

Drum ist Tünche nötig! Viel Tünche nötig!
Wenn der Saustall einfällt, ist's zu spät!
Gebt uns Tünche, und wir sind erbötig,
Alles so zu machen, dass es noch mal geht.

Hier ist Tünche! Macht doch kein Geschrei!
Hier steht Tünche Tag und Nacht bereit!
Hier ist Tünche, da wird alles neu,
Und dann habt ihr eure neue Zeit.

Aber jetzt erst einmal raus aus der neuen Zeit und rein in
die Vergangenheit. Denn jetzt, meine Damen und Herren, jetzt
wird es hier so richtig gespenstisch, denn jetzt kommen die Un-
toten und historischen Geisterfahrer vom Bund der Vertriebenen.

Da marschieren sie auf, die Ober-, Unter-, Mittel und sonstigen Seitenschlesier mit ihrem großartigen Ober-, Unter-, Mit-
tel- und sonstigen Seitenschlesier-Lied:

Wackre Männer treu und bieder
Trotzig wie der Teufelsbart,
Rosige Frauen im bunten Mieder –
Das ist echte Schlesierart.

Unterstützt wird der schlesische Chor der ewig Unterir-
dischen von all den zahnlosen Hinter-, Vorder- und Über-
pommern,
    den Ost-, West-, Nordwest- und Nordnordost-Preußen,
    den Karpatendeutschen, den Buchenlanddeutschen und na-
türlich den Dobrudscha- und Bulgariendeutschen,
    den Banater Schwaben, den Sathmarer Schwaben und den
Nervtöter Schwaben, und nicht zuletzt von den wirklich allerletzten sieben Sachsen-Bürgern aus dem Kokelgebiet zwischen
Wurmloch und Kleinscheken und aus Hetzeldorf im Burzen-
land.
    Und alle tragen sie ihre uralten Trachten und trampeln ihre
genauso uralten Trachtentänze. Hei, da fliegen die Mottenku-

geln, da knacken die morschen Knochen, da knicken die Bocker
und wampen die Wämse,

Hei, ich bin ein echter deutscher Trachtentänzer,
Echter deutscher Trachtentänzer bin ich, hei.
Hei, ich bin ein echter deutscher Trachtentänzer,
Trachte nur nach Trachtentänzerei.

Da steht der Betrachter fassungslos vor diesem ranzigen Rei-
gen der tatternden Greise und runkligen Runzen und macht
sich so seine Gedanken. Doch wie heißt es so schön in der
Satzung des Kunterbundes der Vertriebenen: »Die Gedanken
sind freiwillig am Eingang des Schlesiertreffens abzugeben.«

Und mittendrin, quasi im Zentrum der Vertriebenen, reitet
nach alter Gutsherrinnen-Art auf einem nicht mehr ganz so
stolzen, aber immer noch sehr, sehr hohen Ross die Präsiden-
tin all der hinterbliebenen Vertriebenen, Erika Steinbach. Vor
ihr tragen zwei leibeigene Stiefelknechte ein großes Schild mit
der Aufschrift »Das Elend der Welt hat viele Gesichter, wie
finden Sie meins?«. Ach, da möchte man aus tiefstem Inneren
die Überzeugung aufstoßen: Wohl dem Volke, das solche Vertriebenen vertrieben hat.

Aber da verschwindet der ganze Spuk auch schon in der Ver-
senkung, und es macht sich urplötzlich ein bestialischer Gestank breit.

Es ist die Metzger-Innung, die wegen ihrer besonderen Ver-
dienste für das großdeutsche Fleisch auserwählt wurde, das
bundesdeutsche Handwerk hier im Zug der glücklichen Zehntausend zu repräsentieren.

Ja, das Zerfleischen und Verwursten, das Knochenbrechen
und Notschlachten, das artgerechte Zerlegen und hygienische
Filetieren, das waren schon immer urdeutsche Techniken, mit

denen das Volk der Schnitzel und Haxen die anderen Völker dieser Welt gewaltig hat bluten lassen. Wie sagt man seit Generationen in Kreisen der Aasfresser und Kadavergehorsamen: »Wenn morgen früh die Welt unterginge, dann möcht ich heute noch ein Schwein schlachten.«

Und so marschieren sie auch hier, gut abgehangen im eigenen Saft, die Metzgermeister und Fleischergesellen, die Schlachtplattenleger und Suppenknochenknacker, die Fleischwolfdreher und Leberwursttaktiker – Sie wissen schon: So lange in der Mitte zustechen, bis die Wurst an beiden Enden platzt.

Auch sie tragen Transparente mit den wichtigsten Botschaften aus dem Zentralorgan der Tierverwerter: »Haut rein, eh ihr vom Fleische fallt« und »Es ist nicht alles Fleisch, was stinkt« und »Das Auge isst eben nicht mit, selbst wenn man die Augen mit isst«. Außerdem schwenken sie vollautomatische Etikettier-Maschinen und skandieren lustige Parolen wie »Ich und du, Müllers Kuh, Müllers Esel, den isst du!« und »Uns schmeckt die dicke Rippe auch trotz der Schweinegrippe«.

Da fällt mir dieser schöne Witz ein, wo ein Typ in die Metzgerei kommt und sagt: »Mensch, hier stinkt es ja wie die Pest!« »Tja«, sagt der Metzger, »Schwein gehabt.« Und wenn Sie jetzt sagen: »Mensch, der Witz war aber uralt«, dann frage ich Sie: Was heißt schon uralt im Fleischereigewerbe?

Und in diesem Moment hält der Zug an, die Sprechchöre verstummen, und die komplette Innung legt eine Gedenkminute ein für jenen bayerischen Fleischgroßhändler, der sich auf dem Höhepunkt des letzten Fleischskandals selbst gerichtet hat.

Das Tragische ist übrigens, dass ihn seine Familie bis heute nicht beerdigen konnte: Die Leiche soll erst einmal für mindestens vier Jahre in einem Kühlhaus zwischengelagert werden – und wer weiß, wenn sie dann auch umetikettiert wird, dann findet der Mann ja nie die ewige Ruhe.

Und apropos Ruhe, damit ist es jetzt vorbei, denn jetzt kommt Stimmung in die Innung. Der Vorsitzende, ein gewisser Herr Pökel, steigt auf einen überdimensionalen Schwenkgrill und intoniert schwenkend und schwankend im Duett mit seiner Gattin, der diesjährigen Miss Fleischwurst, das schöne Motto-lied aller Gammelfleischverkäufer, Titel: »Ist eh alles Wurst«.

Pralle Pelle

Blut-, Plock-, Leber- oder Brat-,
Schmier-, Bock-, Knack- und Zervelat-,
Ja, des Daseins Zweck und Sinn
Ist 'ne schöne Pelle mit was Schönem drin.

Ob rot, weiß, Schinken- oder Mett-,
Ob kalt, heiß, mager oder fett,
Ist die Pelle prall gefüllt,
Wird gebrüht, gebraten oder nett gegrillt.

Denn so ein Würstchen auf dem Grill,
Das macht das Leben lebenswert.
Da kann passieren, was da will,
Das Würstchen wird verzehrt.

Mit eins, vier, sieben oder acht,
Wird es fein parat gemacht.
Mit drei, sechs, neun und 104
Kriegen wir Geschmack in jedes tote Tier.

Ob Kalb, Rind, Fohlen oder Schwein,
Ist Wurst, denn alles kommt da rein.
Nur Hund, Katz, Wellensittich nicht,
Denn der Mensch ist gut und seine Freunde nicht.

Da, wo das Schwein einst durchgekackt,
Da wird es appetitlich reingepackt.
Und ist es erst im eignen Darm,
Dann schmeckt es kalt und warm.

Nach diesem furiosen Auftritt des Ehepaars Pökel klafft nun hier vor unseren Augen eine Lücke in der Parade.

Hier sollten eigentlich die tapferen Kameraden und Kameradinnen der deutschen Streitkräfte aufmarschieren, was aber nicht organisierbar war, weil sich die tapferen Kameraden und Kameradinnen bis auf den letzten Mann in irgendeinem Auslandseinsatz befinden.

Jetzt wollte man im Verteidigungsministerium aber an einem Tag wie heute trotzdem Flagge zeigen, und da hieß es »Wer macht's?« und gleich darauf »Er macht's!«. Und dann hat man einen zivilen Mitarbeiter des Verteidigungsministers in eine alte Wehrmachtsuniform gesteckt, und er macht jetzt hier doch eine unglückliche Figur.

Er hockt wie gestellt und nicht abgeknallt auf einer verrosteten Selbstfahrlafette, auf deren Ladefläche ein verbeulter Zinksarg platziert wurde, quasi als Mahnmal für all die unbekannten Soldaten, die in unbekannter Zahl in irgendeinem unbekannten Land ihr Leben für einen ihnen völlig unbekannten Grund geopfert haben und aktuell immer noch opfern.

Nun, so etwas will man am heutigen Tag nun wirklich nicht sehen, und deshalb ist es gut, dass es jetzt auch gut ist und wir endlich wieder zu einem erfreulicheren Anblick kommen.

Denn jetzt kommt hier die große Gruppe der gesamtdeutschen Märchenerzähler.

Sie marschieren hinter einer riesigen Bildzeitungsschlagzeile: »Deutschland ein Sommermärchen«.

Angeführt wird die Gruppe natürlich vom größten deutschen Märchenerzähler der Gegenwart, Helmut Kohl, der sich als blühender Landschaftsgärtner verkleidet hat. Er schiebt eine winzige Schubkarre und in der hockt Norbert Blüm, der mopsfidele Zwerg Nase aus dem Rentenmärchenwald, und verteilt Original-Rentenbescheide aus dem Jahre 1992, die bis heute zu den größten Lügengeschichten gehören, die jemals erzählt wurden.

Neben ihm sehe ich in einem gepanzerten Dienstwagen Ulla Schmidt als Frau Doktor Eisenbart, kuriert die Leut' auf ihre Art. Sie macht die Blinden wieder gehen und die Lahmen wieder sehn, und sie verteilt Gratismedikamente aus dem Gesundheitsreformhaus. Medikamente, die nachweislich zu nichts nütze sind außer zur Vermehrung von Nebenwirkungen.

Und, apropos krank: Da sehe ich Josef Ackermann von der deutschen Lügenbank, er geht als Baron Münchhausen und ist eigentlich nur an seinem aasigen Grinsen zu erkennen. Und an seinem Markenzeichen, dem V-Zeichen. V wie »Verpisst euch!«.

Er reitet auf einem vergoldeten Dukatenesel und trägt ein Schild mit der Aufschrift »Ach wie gut, dass jeder weiß, dass ich auf die Wahrheit scheiß«.

Ja, das ist schon ein wunderbares Bild. All die Hochstapler und Rosstäuscher, die Falschspieler und Trickbetrüger, die Schaumschläger und Schwindelmeier.

Und wo nach allen Regeln der Märchenkunst gelogen und betrogen wird, da dürfen sie natürlich nicht fehlen: die Meinungsforscher und Stimmungsmacher.

Sie befragen sich hier vor unseren Augen ununterbrochen gegenseitig, um mit den Ergebnissen der Befragung gleich anschließend einen überdimensionalen Reißwolf zu füttern, der all die gefälschten Zahlen und getürkten Stimmungsbilder auf der Stelle zu Makulatur verarbeitet und als Meinungskonfetti in die mittlerweile doch schon sehr heiße Luft bläst.

Und mitten hinein in diesen gewaltigen Konfetti-Regen fährt nun der Prunk- und Prachtwagen in die ganze Parade. Und auf ihm die leibhaftigen Helden von Stuttgart, die Ehrenbitbürger des deutschen Fußballsommers, die Männer, die bewiesen haben, dass auch ein dritter Platz ein Platz an der Sonne sein kann.

Dass ich das noch erleben darf: die goldene Ananas als Prunkstück in der Trophäen-Vitrine!

Wie hat es der kroatische Stürmer Tomislav Maric so gnadenlos formuliert: »In Fußball bist du entweder Gott oder Bratwurst.« Und so präsentieren sie sich nun hier, die vergötterten Bratwürste vom untersten Treppchen: die Poldis und Schweinis, die Bifis und Jogis, die Sonys und Klosis und Ollis und all die anderen Superjollies, die Deutschland wieder dahin geballert haben, wo Deutschland hingehört, nämlich mitten hinein in die Köpfe und Herzen der Deutschen.

Sie alle stehen jubelnd auf einem riesigen Fußball und ja, ich sehe richtig: Es ist der offizielle Adidas-WM-Ball mit dem schönen Namen Teamgeist, diesem sensationellen Design-Mix aus Slipeinlage, Löffelbiskuit und Migränemaske.

Da stehen sie nun, unsere Jungs, und werfen WM-Würste, Fußball-BHs und Weltmeister-Brötchen, und zwischen Coca und Cola schwappt eine Ola nach der anderen Ola.

Und sie schwappt hinein in das Heer der Experten und Kommentatoren, die – angefeuert von Weißbier-Waldi Hartmann – hier vor unseren Ohren noch einmal ihre schönsten Phrasen dreschen.

Aber das ändert nichts an der phantastischen Stimmung. Und als es dann noch heißt, dass die Baden-Württembergische ihre Urlaubskasse aufbessert, da kennt der Jubel keine Grenzen mehr.

Ja, das ist wirklich ein erhebender Anblick, und er wird jetzt komplettiert durch die schier unüberblickbare Masse der Mitläufer, die wie bei jedem medialen Großereignis auch heute hier bei dieser Parade mitlaufen.

Die Bundesfressen, die auf jedem Bundesfressenball dabei sind, das Heer der A-, B- und C-Promis, der Partyparasiten und Schweinwerferlicht-Motten.

Da sind Pinkelprinz Foffy und Schlotbaron Bluffy, da sind Graf und Koks und Gräfin Lifta, und da ist natürlich der dicke Feinkost-Käfer mit seinen minderjährigen Feinkost-Käfern.

All die very impotent People mit den Dauerfreikarten, die Schampus-Schlürfer und Austernlutscher, die Ehrentribünen-Trottel mit ihren frisch frisierten Designer-Kleiderständern.

Sie drängeln und stoßen sich jetzt auf den Platz der großen Schlusskundgebung, denn natürlich will jeder ganz nach vorn in die allererste Reihe, um ganz nah dabei zu sein, wenn jetzt in wenigen Sekunden die große Schlusskundgebung beginnt.

Hier haben die Veranstalter ganz bewusst auf Redebeiträge aller Art verzichtet, und stattdessen erscheinen hier auf der schwarz-rot-gold lackierten Bühne jetzt die drei Tresöre, gesponsert von der Deutschen, der Volks- und der Raiffeisenbank. Und begleitet von den Sportsfreunden Schiller, Goethe und allen kanonisierten Klassikern stimmen sie ihn an, den großen Schlusschoral vom »Stolz sein auf Deutschland«.

Stolz sein auf Deutschland

Wenn andere mit stolz geschwollner Brust
Und lauthals ihre Hymnen sangen,
Dann standen wir zerknirscht und voller Frust
Und trauten uns erst gar nicht anzufangen.

Was hätten wir auch singen sollen?
Das mit der Hymne, das war irgendwie verhext.
Selbst, wenn wir sie hätten singen wollen,
Wir kannten ja nicht mal den Hymnen-Text.

Unsere Fahne war für uns ein rotes Tuch,
Auf dieser Fahne hing ein bitterböser Fluch.
Bei jedem Hissen
Ein schlechtes Gewissen,
Und auch an Schwenken
War gar nicht zu denken.

Die Fahne runter und bei der Hymne
Geschlossen dicht,
Denn stolz sein auf Deutschland,
Das durften wir nicht.
Nein, stolz sein auf Deutschland,
Das durften wir nicht.

Wir Deutschen waren kollektiv verdammt,
Für alle Zeit das Hakenkreuz zu tragen.
Dass man von diesem deutschen Volke stammt,
Das traute man sich gar nicht laut zu sagen.

Dabei hat dieses Volk mehr vorzuweisen
Als diese längst verfaulten Nazi-Henker.
Normal müsst man uns in den höchsten Tönen preisen,
Das Volk der Dichter und der großen Denker.

Ob Zitze-, Klause- oder Heidewitz,
Aus jedem deutschen Geist ein Geistesblitz.
Wärn wir nicht gewesen,
Gäb's kaum was zu lesen.
Die Welt bliebe stehen
Ohne unsre Ideen.

Vor dem Frühstück 'ne Erfindung,
Danach schnell ein Gedicht.
Nur auf all das auch stolz sein,
Das durften wir nicht,
Denn stolz sein auf Deutschland,
Das durften wir nicht.

Doch dann kam die WM im eigenen Land
Und mit ihr ein neues, ein großes Gefühl.
Da stand die Nation plötzlich Hand in Hand,
Tief im Innern ein lang nicht gekanntes Gewühl,
Letztendlich vereint im Großen und Ganzen,
So unverkrampft locker und schwerelos frei.
Da sah man die Volksseele lachen und tanzen,
Der uralte Albtraum war endlich vorbei.

Da war sie erwacht, die neue Nation,
Und Schwarz-Rot und Gold hing an jedem Balkon,
Am Auto die Fähnchen,
Im Haar die Strähnchen,
Mit Spaß patriotisch
Statt ewig neurotisch.

Die Fahne hoch, und bei der Hymne
Die Reihen dicht,
Denn stolz sein auf Deutschland
Ist ab sofort Pflicht,
Endlich stolz sein auf Deutschland,
Mehr wollen wir nicht.

Mit dem Herz in der Hand
Und der Leidenschaft im Bein,
Mit der Fahne im Verstand
Wollen wir ein einig sein.

Einigkeit und Recht und Freiheit
Für das deutsche Vaterland!
Einigkeit und Recht und Freiheit
Sind des Glückes Flaschenpfand!

Mit den neuen und den alten
Schönen Liedern in den Lungen
Singen heute endlich wieder
All die Alten mit den Jungen.

Mit dem Stolz in der Kehle
Und der Euphorie im Schenkel,
Mit der Heimat in der Seele

Singt der Opa mit dem Enkel.
Singt die Mutter mit der Oma,
Singt der Vater mit dem Sohn,
Singen alle sich ins Koma
In der neuen Spaßnation.

Mit der Zuversicht im Hirn
Und der Disziplin im Knie,
Mit dem Willen auf der Stirn
Ist die Stimmung wieder wie

Vierzehn-Achtzehn, Drei und dreißig,
Neun und achtzig scheißegal!
Was da los war, ja was weiß ich?
Und jetzt das Ganze noch einmal.

Mit dem Tattoo auf der Backe
Und der Meisterschaft im Sack.
Mit dem Adler an der Jacke
Und dem Schnaps im Anorak.

Mit dem Fusel an der Lampe
Und der Insolvenz am Arsch.
Mit dem Fassbier in der Wampe
Fertig zum Parademarsch.

Deutschland, Deutschland über alles
Wieder so, wie's uns gefällt.
Deutschland, Deutschland über alles
Über alles in der Welt.

Letzte Frage:
Was ist eigentlich normal?

Normal ist, dass es in diesem Land 150 000 Väter gibt, die sagen: »Unterhalt? Nein, ich würde von meinen Kindern nichts nehmen.«

Normal ist, wenn junge Mütter die Abfalleimer auf den Bahnhofsklos als Babyklappe nutzen.

Normal ist, wenn muslimische Männer der Meinung sind, man müsse die Ehefrau so schlagen, dass man hinterher nichts sieht.

Normal ist, wenn christliche Männer der Meinung sind, man müsse die Ehefrau so schlagen, dass sie hinterher nichts mehr sieht.

Normal ist, wenn Männer ihre Ehefrauen schlagen, und überhaupt keiner was davon sieht.

Normal ist, wenn Ole von Beust, Christian Wulff, Horst Seehofer und Günther Oettinger eine christdemokratische Familienberatungsstelle eröffnen.

Normal ist, wenn militante Vegetarier sagen: »Ich esse kein Fleisch, ist hasse Tiere!«

Normal ist, wenn der Chefvolkswirt der Deutschen Bank sagt: »Ich frage mich immer, warum man junge Menschen, die Familie haben, mit sechs Wochen Urlaub beglückt, wenn sie nicht einmal das Geld für eine Woche haben.«

Normal ist, wenn der letzte wirklich große Deutsche, Loddar Matthäus, sagt: »Wir dürfen den Sand jetzt nicht in den Kopf stecken.«

Normal ist, wenn der Schwanzersatzverkäufer, Porsche-Chef Ferdinand Piech, sagt: »Reiche Menschen sind dadurch reich, dass sie weniger ausgeben, als sie einnehmen.«

Normal ist, wenn derselbe Ferdinand im Zeugenstand auf einmal nicht mehr wusste, was er wusste, als er wissen musste, was alle wissen konnten, aber keiner wissen wollte und deshalb auch keiner gewusst haben will.

Normal ist, wenn der hessische Wahlkampfschlagerstar und Ofenschützenkönig, Roland Koch, mit einem brutalst möglichen Schuss in den braunen Ofen den rechten Rand aufreißt.

Normal ist, wenn Serkan und Spiridon, die beiden Hauptdarsteller aus dem Münchner U-Bahn-Videoclip, den SPD-Vorsitzenden Beck um seinen Mindestlohn bringen.

Normal ist, wenn die NPD in Deutschland verboten werden soll, Bildzeitung, RTL2 und DFB aber weiterhin erlaubt bleiben.

Normal ist, wenn die Bildzeitung eine Volksbibel herausgibt, die mit den Anzeigen von illegalen Prostituierten finanziert wird.

Normal ist, wenn der Kölner Erzbischof, Kardinal Meißner, künstlich entartet.

Normal ist ein gelber Sack in einer blauen Tonne mit einem grünen Punkt.

Normal ist, wenn Braune rot sehen, wenn sie Schwarze sehen und diese dann grün und blau schlagen.

Normal ist, wenn Grüne schwarz sehen, wenn sie rot sehen und deshalb lieber mit Schwarz-Gelb gehen.

Normal ist, wenn Schwarz-Gelbe das pure Elend sehen, wenn sie blau-weiß sehen.

Wenn ein Mensch seine ganze Familie erschlägt
Und sie dann in seinem Hobbykeller zersägt.
Wenn's plötzlich am helllichten Tage passiert,
Dass ein Fremder einem Fremden die Fresse poliert.

Wenn einer ganz bös auf die Schnauze fällt
Und ein andrer das filmt und ins Internet stellt.
Wenn tags darauf Hunderttausende die Szene anklicken
Und Kopien an all ihre Freunde verschicken.

Wenn der Mann nebenan Frau und Kinder verprügelt
Und die Nachbarin seelenruhig Handtücher bügelt.
Wenn der Hauswart im Flur Lavendel versprüht,
Weil ein Hauch von Verwesung durchs Treppenhaus zieht.

Wenn's keiner mehr hört und wenn's keiner mehr sieht,
Weil's keinen mehr stört, was auch immer geschieht,
Weil der eine dem andern nur noch egal,
Dann ist das alles in allem völlig normal.

Wenn die Reichsten den Ärmsten Kredite geben –
Zum Sterben zu viel und zu wenig zum Leben.
Wenn sie dann, kurz bevor diese Ärmsten verrecken,
Ganz schnell noch die Pfändungsbescheide vollstrecken.

Wenn die Schleuser und Schlepper die Hoffnung verkaufen
Und die Käufer in schwimmenden Särgen ersaufen.
Wenn die Mörder ihr Gewissen in den Brieftaschen tragen
In Hochsicherheitstrakten mit Selbstschussanlagen.

Wenn die Räuber und Diebe dann endlich verschwinden,
Weil sie nirgends mehr etwas Verwertbares finden.
Wenn dann keiner die Taten der Täter beklagt
Und schon gar keiner mehr nach den Opfern fragt.

Weil sie keiner mehr hört, weil sie keiner mehr sieht,
Weil's keinen mehr stört, was auch immer geschieht,

Weil der eine dem andern einfach nur noch egal,
Dann ist das alles in allem völlig normal.

Normal geht das hier ein
Und da gleich wieder raus.
Normal seh ich das ein.
Normal sieht das nicht aus.

Normal ist hier kein Stau.
Normal ist das bekannt.
Normal fährt meine Frau.
Normal gibt's darauf Pfand.

Normal geht das seinen Gang.
Normal ist die Ampel rot.
Normal läuft hier niemand lang.
Normal gibt's kein Abendbrot.

Normal gibt das Ärger.
Normal tut der nix.
Normal will der spielen.
Normal sind das Tricks.

Normal sind 20 Bräute.
Normal sind 20 Bier.
Normal ist hier und heute.
Normal ist DIN A4.
Normal nehm'se alles mit.
Normal heißen alle Schmidt.
Normal gucken sie alle weg.
Normal sieht man hier kein Dreck.

Normal geht das hier nicht raus.
Normal sieht das anders aus.
Normal sind alle Katzen grau.
Normal sind alle Schweinchen schlau.

Normal ist das auch nicht kaputt.
Normal ist das verjährt.
Normal geht das hier nur ruck, zuck.
Normal hat sich bewährt,

Denn normal ist geeicht.
Normal ist geölt.
Normal geht das immer so weiter.
Normal hat's gereicht.

Normal wird gegröhlt.
Normal sind wir immer so heiter.
Normal sagt das keiner.
Normal macht das keiner.

Normal lacht da keiner.
Normal ist das 'ne Nummer zu klein.
Normal hört das keiner.
Normal schwört das keiner.

Normal muss so was einfach so sein.
Normal ist das komisch.
Normal ist das chronisch.
Normal ist das eigentlich vollautonomisch.

Normal geht's jetzt aufwärts.
Normal kommt die Wende.
Normal ist das Buch jetzt hiermit am Ende.

●

Nachworte

Wahrlich, wahrlich ich sage euch: So steht es geschrieben im Goldenen Buch der Stadt Leverkusen und in all den anderen Goldenen Büchern all der anderen vom Pleitegeier umkreisten Städte und Gemeinden:

Wenn das letzte Versprechen gefälscht, die letzte Parole verklungen, die letzte Prognose geplatzt, dann wird es so kommen, wie alle wussten, dass es kommen muss: nämlich knüppeldick!

Dann wird die Eisenfaust den Samthandschuh abstreifen, wird der Wolf die Kreide ausspeien und es wird das Blaue vom Himmel sich färben zum Tiefschwarz der Hölle.

Dann werden die gebrauchsfertigen Folterwerkzeuge ausgepackt, für den sofortigen und flächendeckenden Einsatz bereit:

die Sparhämmer und Sachzwangzangen,

die Preisschockdrähte und Steuer-Daumenschrauben,

die Kahlschlagäxte und Lohnstreckbänke.

Denn so steht es geschrieben im Buch der Grausamkeiten: Ihr werdet sein ein Volk von Leih- und Kurzarbeitern, man wird euch gnadenlos schröpfen und zur Ader lassen,

mit eurem Blut werden die Lohnverzichte unterschrieben,

mit eurem Schweiß werden die Fleischwölfe geschmiert,

mit euren Tränen werden die goldenen Badewannen der Reichen und Schönen gefüllt.

Und während die Krisengewinnler und Abfallverwerter auf dem Elend schwimmen wie die Fettaugen auf der Brühe, werdet ihr in unbeheizten Freibädern an Unterkühlung verenden, und kein Bademeister wird da sein, um euch aus den ungeklärten Brackwassern zu fischen.

Kein Rettungssanitär wird die Ersoffenen freiwillig beatmen, und wer lebend dem verseuchten Schwimmerbecken entsteigt, den werden Ganzkörperpilzbefall, Diarrhö und Schleimhautfraß dahinraffen.

Denn in den Pleitepraxen der emigrierten Hausärzte werden sich die Quacksalber und Wunderheiler niederlassen und die Patienten einteilen in privat und unheilbar.

Euer Leben wird sein ein freudloser Mastgänsemarsch auf dem schmalen Grad zwischen Kleiderkammer und Suppenküche,
zwischen Hausfrauenkredit und Privatinsolvenz,
zwischen Zwangsräumung und Lohnpfändung.

Eure Kinder werden Guido heißen und Philip, Annette und Ursula, und sie werden doof sein wie die Bretter.

Sie werden von depressiven Lehrern in verschimmelten Klassenzimmern im Leistungskurs Verlieren unterrichtet,
man wird ihnen ihre erbärmlichen Kopfnoten auf die Stirn tätowieren
und selbst auf ihrem dritten oder vierten Bildungsweg werden sie horrende Gebühren zahlen für überfüllte Studiengänge, an deren Ende die amtlich beglaubigte Kopie einer Praktikumsbescheinigung auf sie wartet.

Es wird ein Reif fallen auf viele Träume, es wird ein Essig werden, aus mancherlei Wein.

Denn die Regierenden dieses Landes haben ihren Untertanen den Krieg erklärt.

Aber wir werden uns nicht kampflos geschlagen geben. Wir werden uns wehren.

Gegen euch, die ihr euch in euren Regierungsbunkern verschanzt und euch besauft an der eigenen Wichtigkeit.

Gegen euch, die ihr von fetten Leibwächtern abgeschirmt durch eine Welt geistert, die nicht die eure ist.

Gegen euch, die ihr in euren gepanzerten Dienstwagen in der Verdunklung verschwindet und in den butterweichen Polstern eurer halluzinierten Bedeutung versinkt.

Wenn ihr den Mund aufmacht, dann gähnt nur eine gewaltige Leere.

Wenn ihr die Augen aufmacht, dann schaut ihr die aschfahle Fratze der Angst vor der eigenen Nichtigkeit.

Und deshalb macht die Augen besser gleich wieder zu.

Ganz fest zu!

Und was ihr dann seht, das seid ihr.

Ihr, die ihr vor laufenden Kameras die Stöpsel aus euren Wasserköpfen zieht und alles, was Verstand hat, mit euren von Hochmut und falschem Stolz verseuchten Redeflüssen überschwemmt.

Ihr, die ihr das Volk, das ihr zu vertreten vorgebt, verachtet wie der Metzger die Salmonelle, der Koch die Kakerlake, der Staubfänger die Milbe.

Ihr sagt nichts. Ihr wagt nichts. Und ihr tragt nichts.

Ihr tragt keine Bedenken. Ihr tragt keine Entscheidungen. Ihr tragt keine Verantwortung.

Ihr seid unerträglich.

Ihr seid unerträglich selbstgerecht. Ihr seid unerträglich selbstverliebt. Ihr seid unerträglich selbstgefällig.

Und dabei seid ihr nichts, was nicht schon ein anderer gewesen ist.

Ihr seid eure eigene Wiederholung.

Ihr seid wirklich komisch. Ihr seid nicht nur wirklich komisch, ihr seid wirklich saukomisch.

Und deshalb werden wir über euch keine Witze mehr machen.

Wir werden keine Frisuren-Witze mehr machen. Wir werden keine Figuren-Witze mehr machen. Wir werden keine Schwulen-Witze mehr machen.

Wir werden euch durch den Ring prügeln, bis ihr um Gnade winselnd in den Seilen hängt, aber niemand wird ein Handtuch werfen.

Wir werden jedes eurer aufgeblasenen Machtworte auf die Goldwaage legen und für zu leicht befinden.

Wir werden euch in euren neuen Altkleidern durch die Straßen treiben, bis auch der Letzte sieht, dass ihr in Wahrheit pudelnackt seid.

Gebt dem Kaiser, was des Kaisers ist!

Also: Gebt ihm Saures! Gebt ihm Prügel! Gebt ihm den allerletzten Rest. Und vor allem: Gebt ihm keine Ruhe.

Im zwölften Stock steigt heut ein Riesenfest
Die Chefetage tanzt beim Ball pompös
Vereinzelt kommt es draußen zu Protest
Hier oben macht das niemanden nervös

Die Tassen hoch, die Schampuskorken knallen
Die nächste Runde ist bereits bestellt
Man hört den Herrn Direktor lauthals lallen
Ich trinke auf die Doofen dieser Welt

Und ich frag mich, wieso
Weshalb und warum
Sind die Leute bloß so
Unglaublich dumm
Dass keiner sich wehrt
Dass sich keiner beschwert

Obwohl alle wissen
Sie werden beschissen
Wir nehmen, sie geben

Das ist doch kein Leben

Das ist doch nicht normal

Obwohl mir is es egal

Also weiter und weiter und immer so weiter
Wer sich nimmt, was er braucht, der kriegt, was er will
Und weiter und weiter und immer so weiter
Herr Ober, den Hummer direkt auf den Müll.

Und sie protzen und klotzen und prassen und prahlen
Vor den Doofen da unten, die das alles bezahlen
Es füttert der Sklave den eigenen Herrn
Und so wie es aussieht, tut der Sklave das gern

Also weiter und weiter und immer so weiter
Solange das Rindvieh das Prinzip Fleischwolf versteht
Geht es weiter und weiter und immer so weiter
Wo Hackfleisch gebraucht wird, gibt es einen, der dreht
Und so läuft das eben, wie's immer schon lief
Und die Zukunft ist jedem bekannt
Jeder weiß, so wie's läuft, läuft es grundsätzlich schief
Doch es läuft weiter und weiter und weiter und weiter
Und weiter und weiter und immer so weiter
Und weiter und weiter und weiter und weiter

Und irgendwann voll vor die Wand.

Danksagung

Folgende von mir hochgeschätzte Personen haben den einen oder anderen Satz zu den vorliegenden Texten beigesteuert: Matthias Beltz (Durchsage), Hanns-Dieter Hüsch (Trachtentänzer), Dietmar Jacobs (Schmidt-Witz), Bertold Brecht (Tünche), Wolfgang Nitschke (Pigmente), Harald Klimek (Bibelkunde), Franz vom Backes und Costa vom Filos (alte Witze).

Die Zwischenfragen wurden ohne Ausnahme produziert als »Montagsfragen« für die »Westzeit« auf WDR 2. Redaktion: Anja Iven und Hans Jacobshagen. Meine Verehrung!

Außerdem bedanke ich mich bei folgenden großartigen Menschen für ihre Unterstützung über all die Jahre: Winni Rau, Frank Hocker, Thomas May-Englert, Heike Englert, Hans Körfer, Jürgen Becker, Uwe Lyko, Klaus »Major« Heuser, Mirek Kovarik, Bruno Schmitz, Gernot Voltz, Klaus Huber, Wolfgang Müller-Schlesinger, Michael Heinemann, Christiane Kügeler, Heiner Kämmer, Rich Schwab, Gerd Köster, Anke Rose, Uschi Siedler, Jürgen Pohl, Jirka Hana, Andi Semmler, Rolf Bringmann, Bernd von Fehrn, Andreas Lichter, Helmut Zanoskar, Gerhard Schmidt, Franzi Schmela, Oli Baumeier, Guido Söller, Conny Beierschoder, Otto Schumacher, Reinhard Janz, Ulla und Lothar Weber und Andi von der Hammond Bar.

Dank an die Familien Schmickler, Görgen, Klimek, Heuser, Clotten, Löffelsender, Kuhnhäuser, Dorsel, Gau, Kuhl und die treuen Stammgäste der Kölschen Sonnekinder. Nicht zu vergessen die Zahnheilkundler und ihre Mitarbeiterinnen der Praxen Boisseree und Bäumer für den richtigen Biss.

Dank auch an das gesamte Team von WortArt, besonders an Achim Mantscheff und Birgit Wüller für die geduldige Lektoriererei.

Küsse für Elke, Heide-Marie und Joshua.

Und schließlich nur das Beste von und für Ilona!